100 Rezepte
Schnelle Küche

100 Rezepte Schnelle Küche

VORWORT

Vielen Menschen fehlt im Alltag leider häufig die Zeit zum Kochen. Ob wegen Stress im Beruf oder wegen der Arbeit mit Kindern und Haushalt, viele greifen aus Zeitmangel schnell zu Tiefkühlpizza, Fertignudeln und anderen Produkten.

Wer jedoch nicht auf teure und ungesunde Fertiggerichte oder auf Fast Food angewiesen sein möchte und lieber gesunde und leckere Gerichte auf den Tisch bringen will, braucht schnelle Rezeptideen.

Dieses Kochbuch bietet eine Fülle an wohlschmeckenden Rezepten, die innerhalb weniger Minuten auf dem Tisch stehen und zeigen, dass kulinarische Langeweile keineswegs zum Alltag gehören muss.

Von Mehlspeisen über Gerichte mit Fisch und Fleisch, Hauptspeisen mit Nudeln, Kartoffeln und Reis bis hin zu schnell zubereiteten Gemüsegerichten lässt dieses bebilderte Kochbuch dank der detaillierten Anleitungen zur Zubereitung keine Wünsche offen.

Sich täglich das Essen selber aus frischen Zutaten zu kochen, ist das Beste, was man für seine Gesundheit und sein Wohlbefinden tun kann. Wie wir uns täglich ernähren, bestimmt nicht nur, wie wir uns körperlich fühlen und wie gut und gesund wir aussehen, sondern auch, welche Gebrechen und Beschwerden wir im Alter bekommen werden.

Menschen, die sich gesund ernähren, verringern ihr Risiko auf einen Schlaganfall oder einen Herzinfarkt enorm und bleiben bis ins hohe Alter leistungsfähiger und geistig reger.

Namhafte Ernährungswissenschaftler haben bewiesen, dass die Ernährung eine große Rolle bei der Erhaltung unserer Gesundheit und unserer Lebenskraft spielt. Viele Krankheiten, wie Diabetes und Demenz werden nachweislich durch die Ess- und Trinkgewohnheiten bestimmt.

Da mehr als drei Viertel der angebotenen Lebensmittel in den Supermärkten industriell bearbeitet oder komplett künstlich hergestellt sind und somit viele gesundheitsschädliche Stoffe enthalten, gehören heute Übergewicht und die damit einhergehenden Folgeerscheinungen wie Verdauungsbeschwerden, Kreislaufprobleme und Gelenkbeschwerden zu den am meisten auftretenden Zivilisationskrankheiten in unserer Gesellschaft.

Zudem wirkt sich die Ernährung auch auf das emotionale Wohlbefinden aus. Viele Menschen sind sich bewusst, dass eine gesunde Ernährung für den eigenen Körper wichtig ist. Greifen sie aus Zeitmangel und Stress doch zu ungesunden Fertigprodukten, führt dies zu Frust und emotionaler Belastung. Die Entscheidung, sich bewusst Zeit zu nehmen und täglich frisch aus gesunden unbehandelten Lebensmitteln sich das Essen zuzubereiten, ist somit auch eine Entscheidung für mehr Genuss und ein glücklicheres Lebensgefühl.

Dass es keine Zauberei ist, sich leicht und gesund zu ernähren, zeigen die hier aufgeführten Vorschläge für eine gute Ernährung. Diese Auswahl an schnellen Rezepten ist genau richtig für die Bedürfnisse von heute – probieren Sie einfach die verschiedenen Kochideen für sich und Ihre Familie aus!

Ihre Redaktion

EINLEITUNG

Gesundes Kochen aus frischen unbehandelten Zutaten ist eine Entdeckungsreise in neue Geschmackswelten, denn viele wissen von vornherein gar nicht wirklich, was es alles so zum Kochen gibt. Verwöhnt von Mutters Küche, kennen viele nur die sich immer wiederholende Hausmannskost. Erstmals selbstständig im Leben stehend, greifen viele zu Fertigprodukten, da sie gar nicht wissen, wie man sich schnell und einfach leckere Gerichte zubereiten kann. Dass man Fleisch, Fisch, Gemüse und andere Beilagen in so vielen Formen und gar so bunt zubereiten kann, das bedenken viele wenig bis gar nicht.

Dass Kochen sehr zeitaufwendig ist, ist ein modernes Märchen. Die Werbung suggeriert uns Konsumenten, dass heute keiner mehr ohne Fertigprodukte oder Fertigzutaten in der Küche auskommen kann und dass selbst die Großmutter lieber zu diesen einfachen und schnellen Produkten gegriffen hätte, anstatt stundenlang schwer arbeitend in der Küche zu stehen. Da fällt es vielen schwer, das Kochen in der Küche im Alltag als das zu sehen, was es sein kann: nämlich leicht, schnell und frisch.

Die Zubereitung eines frischen Gerichtes dauert nicht unbedingt länger als das Auftauen oder Zusammenrühren der Fertigprodukte. Und eine schnelle Gemüsepfanne bekommt jeder in nur 15 Minuten hin, wenn man weiß wie. Das Problem für viele ist die mangelnde Organisation bei der Vorbereitung. Man muss sich vorher Gedanken machen, was man kochen möchte, und die benötigten Lebensmittel einkaufen. Um zu vermeiden, dass man beim Einkauf notwendige Zutaten vergisst oder man zu viel kauft und dann verdorbene Lebensmittel wegwerfen muss, da mehr als erforderlich eingekauft wurde, ist es am einfachsten, sich einen Plan für die Woche zu machen, auf welchem man notiert, was man an den einzelnen Tagen kochen möchte und was man dafür braucht. Mit einer vernünftigen Vorratshaltung bei Grundnahrungsmitteln, wie Reis, Nudeln, Öl, Mehl und anderen länger lagerbaren Zutaten, benötigt man für das Kochen nur noch wenige frische Zutaten welche man je nach Zeit vielleicht zweimal in der Woche einkauft. So macht dann auch das Einkaufen Spaß und artet nicht in Stress und Hektik aus.

Gerade für Familien mit Kindern ist eine vernünftige Ernährung sehr wichtig. Kinder sind ständig im Wachstum und benötigen damit mehr Nährstoffe, Vitamine und Spurenelemente als Erwachsene, um sich gesund und stark entwickeln zu können. Bereits mit der ersten Nahrung entwickeln sich bei Babys und kleinen Kindern Essgewohnheiten und Geschmacksvorlieben, die dann das ganze Leben hindurch anhalten. Kinder mögen sehr gerne gesundes und naturköstliches Essen. Doch dies ist lediglich eine Frage der Zubereitung und Optik sowie natürlich der Ernährungserziehung, also der Gewöhnung. Diese muss kein Ringen miteinander werden, sondern kann ganz einfach und spielend sein.

Die Erziehung zu bewusster, gesunder Ernährung beginnt bereits im Säuglingsalter mit der ersten Beikost aus frischen und unbehandelten Zutaten. Bereitet man diese selber zu, statt zum Fertiggläschen zu greifen, bleiben die sensiblen Geschmacksnerven von Kindern erhalten und werden nicht durch falsche Ernährung abgestumpft. Industriell vorgefertigte Nahrung wie Babybrei, Tiefkühlkost, Fertiggerichte und Soßen sind zwar schnell und einfach zubereitet, aber nährstoffarm und der erste Kontakt zu Fast Food. Gemeinsames Kochen mit Kindern macht dagegen Spaß und ist der beste Weg zu einer gesunden Ernährung, die die kleinen Genießer durch Geschmack, Fantasie und Vielfalt überzeugt.

Kinder interessieren sich von klein auf sehr fürs Essen. Sie sind begeistert dabei, wenn sie bei der Zubereitung der Gerichte zuschauen und, noch besser, mitmachen und naschen dürfen. Werden sie von Anfang an eingebunden in den Einkauf von saisonalen Erzeugnissen der Region, lernen sie so die Jahreszeiten geschmacklich kennen. Sind sie noch zu klein, um in der Küche zu helfen, dann sollten sie beispielsweise bei der Salatzubereitung einfach kleine Häppchen probieren dürfen. So knabbern sie gesunde Rohkost und gewöhnen sich an diesen leckeren Genuss. Größere Kinder können schon nach ihren Fähigkeiten in der Küche mitarbeiten. Auf diese Weise bekommen sie ein ganz natürliches Verhältnis zu Lebensmitteln und deren gesunde Zubereitung.

Der Verzicht auf Fertigprodukte ist daher bei Familien mit Kindern besonders wichtig. Die darin zu stark verwendeten Salze, künstlichen Aromastoffe und Geschmacksverstärker verzerren den natürlichen Geschmackssinn.

Auch süße Fertigspeisen wie Grießbrei- und Milchreispackungen sollte man besser im Regal im Supermarkt stehen lassen. Diese enthalten eine zu große Menge an Zucker, der nur Kohlenhydrate in isolierter Form, also leere Kalorien liefert. Und gerade Kinder gewöhnen sich schnell an hohe Süße und lehnen schließlich schwächer Gesüßtes, Obst oder Naturjoghurts ab. Mit diesen Produkten wird nur die nächste Generation Übergewichtiger herangezogen.

Als schnelle Gerichte bezeichnet man alle Speisen, welche in etwa dreißig Minuten oder auch in noch weniger Zeit zubereitet werden können. Weiterhin sollten sie einfach zuzubereiten sein, sodass sie schnell gelingen und man dabei nicht viel falsch machen kann. Bei der schnellen Küche können aber durchaus auch ausgefallene Zutaten enthalten sein und ganz eigene Kreationen entstehen.

Lebensmittel wie Reis, Nudeln oder Kartoffeln bilden meist die Grundlage für die Gerichte und brauchen nicht lange zum Kochen. Ins kochende Wasser gegeben, sind Nudeln meist innerhalb von 10 Minuten fertig. Wählt man nicht gerade ungeschälten Wildreis für sein Gericht, ist auch der normale Reis meist innerhalb von 15 bis 20 Minuten durchgekocht. Bei Kartoffeln geht das Kochen schneller, wenn man sie nach dem Schälen nicht im Stück, sondern klein geschnitten in den Kochtopf gibt.

Frisches Gemüse wie Paprika, Zucchini, Bohnen oder Karotten muss zwar gewaschen, gesäubert und entsprechend dem Rezept geschnitten werden, doch mit der richtigen Organisation und Vorbereitung geht das jedem mit etwas Übung schnell von der Hand und kann rasch erledigt werden, während der Reis oder die Nudeln schon im Topf kochen. Kurz in der Pfanne gedünstet oder im Topf gekocht, schmeckt das Gemüse nach der Zubereitung noch immer schön frisch und knackig. Auch Aufläufe und Eintöpfe benötigen keine lange Vorbereitungszeit und sind wunderbar geeignet, um gerade Reste, die vom Vortag übrig geblieben sind, zusammen mit Gemüse einfach und schnell zu wohlschmeckendem Essen zu verarbeiten.

Auch Fleischgerichte finden in der schnellen Küche ihren Platz. Zarte Filets oder Kleingeschnetzeltes lassen sich in der Pfanne oder im Wok blitzschnell anbraten oder kurz garen. Mit einer gut organisierten Vorbereitung lassen sich auch aufwendigere Fleischgerichte rasch zubereiten und genießen.

Bei Familien sehr beliebt und gesund sind auch schnelle Mehlspeisen. Mit Eiern, Mehl, Milch und anderen Beigaben ist der Teig für Pfannkuchen, Strudel oder Omelett schnell zusammengerührt. Je nach Geschmack kann man diese süß mit der Dreingabe von Obst und Marmelade oder herb mit Gemüse im Familienkreis genießen.

Wer einmal angefangen hat, mit frischen Zutaten selbst zu kochen, wird es nicht mehr lassen wollen. Immer öfter wird man den guten Geschmack des liebevoll zubereiteten Essens schmecken wollen und verächtlich an die Zeiten zurückdenken, in denen man hauptsächlich Fertiggerichte oder schnelle Tütensuppen auf den Tisch gebracht hat.

100 Rezepte Schnelle Küche

Schnelles Kräuter-süppchen

Für 4 Personen:

1 TL Butter
1 Zwiebel
2–3 EL Haferflocken
500 ml Gemüsebrühe
100 g gemischte Kräuter (Estragon, Dill, Petersilie, Schnittlauch)
200 ml Sahnedickmilch
Salz, Pfeffer aus der Mühle
1 Prise Cayennepfeffer
einige Tropfen Zitronensaft
1 Prise Zucker

Außerdem:
4 wachsweich gekochte Eier
100 g saure Sahne
100 g Knoblauchcroûtons
Kräuterzweige zum Garnieren

1. Die Butter in einem Topf erhitzen. Die Zwiebel schälen, fein würfeln, ins Fett geben und glasig schwitzen.

2. Die Haferflocken unterrühren und mit der Gemüsebrühe aufgießen.

3. Die verlesenen, gewaschenen und fein gehackten Kräuter mit der Sahnedickmilch in die Suppe geben und das Ganze bei mäßiger Hitze 4–5 Minuten köcheln lassen.

4. Die Suppe mit Salz, Pfeffer, Cayennepfeffer, Zitronensaft und Zucker kräftig abschmecken und im Mixer oder mit dem Pürierstab kurz durchmixen.

5. Die Suppe nochmals erhitzen, nachwürzen und dekorativ anrichten. Die Eier pellen, halbieren und in die Suppe einsetzen.

6. Die saure Sahne mit dem Schneebesen glatt rühren und je einen Klacks auf die Suppe geben, diese mit Knoblauchcroûtons bestreuen, mit Kräuterzweigen garnieren und sofort servieren.

Bärlauchsuppe mit Speck

Für 4 Personen:

600 g Kartoffeln
2–3 EL Butter
1 Zwiebel
2 Knoblauchzehen
750 ml Gemüse- oder Fleischbrühe
2 Lorbeerblätter
1 EL Pfefferkörner
1 TL Pimentkörner
1 TL Kümmel
Salz, Pfeffer aus der Mühle
1 Prise Cayennepfeffer
1 Prise Muskat
100 g frische Bärlauchblätter
200 g Crème fraîche oder saure Sahne

Außerdem:
125 g durchwachsener, geräucherter Speck
einige frische Bärlauchblätter

1. Die Kartoffeln schälen, waschen und in Würfel schneiden. Die Butter in einem Topf erhitzen.

2. Die Zwiebel und die Knoblauchzehen schälen, in feine Würfel schneiden, ins Fett geben und glasig schwitzen. Die Kartoffeln dazugeben und kurz mitschwitzen.

3. Die Gemüse- oder Fleischbrühe angießen. Die Lorbeerblätter, die Pfefferkörner, die Pimentkörner und den Kümmel in einen Gewürzbeutel geben und in die Suppe legen.

4. Die Suppe mit Salz, Pfeffer, Cayennepfeffer und Muskat kräftig abschmecken und bei mäßiger Hitze 15–18 Minuten köcheln lassen.

5. Etwa 200 g Kartoffeln herausnehmen und als Einlage bereitstellen. Den Gewürzbeutel aus der Suppe nehmen.

6. Die Bärlauchblätter verlesen, waschen, klein schneiden, in die Suppe geben und fünf Minuten mitgaren.

7. Die Suppe im Mixer oder mit dem Pürierstab pürieren, in einen Topf geben und erneut erhitzen.

8. Die Crème fraîche oder saure Sahne einrühren und die Bärlauchsuppe nochmals abschmecken.

9. Den in feine Würfel geschnittenen Speck in einer Pfanne auslassen.

10. Die Einlage in die Suppe geben und erhitzen.

11. Die Bärlauchsuppe dekorativ anrichten, mit den Speckwürfeln belegen, mit den frisch geschnittenen Bärlauchblättern bestreuen, garnieren und sofort servieren.

Bunte Gemüserahmsuppe nach Art der Gärtnerin

Für 4 Personen:

50 ml Olivenöl
1 Zwiebel
2 Knoblauchzehen
je 1 rote und gelbe Paprikaschote
1 kleine Chilischote
2 EL Tomatenmark
500 g geschälte Tomaten (Dose)
400 ml Gemüsebrühe
1 kleine Zucchini
Salz, Pfeffer aus der Mühle
einige Tropfen Zitronensaft
1 Prise Zucker
1 Prise Muskat
1 TL Paprikapulver rosenscharf
1 EL Kräuter der Provence
200 ml süße Sahne
Speisestärke zum Binden

Außerdem:
Basilikumblättchen zum Garnieren

1. Das Olivenöl in einem Topf erhitzen. Die Zwiebel und die Knoblauchzehen schälen, fein würfeln, ins Fett geben und glasig schwitzen.

2. Die Paprikaschoten und die Chilischote halbieren, entkernen, waschen, gut abtropfen lassen, würfeln, zu den Knoblauchzwiebeln geben und mitschwitzen.

3. Das Tomatenmark einrühren und die geschälten Tomaten hinzufügen. Die Gemüsebrühe angießen, das Ganze zum Kochen bringen und 6–8 Minuten köcheln lassen.

4. Die Zucchini putzen, waschen, ebenfalls würfeln und in die Suppe geben.

5. Die Suppe mit Salz, Pfeffer aus der Mühle, Zitronensaft, Zucker, Muskat, Paprikapulver und Kräutern der Provence kräftig abschmecken und weitere 6–8 Minuten garen.

6. Etwas Gemüse aus der Suppe nehmen und bereitstellen, den Rest im Mixer oder mit dem Pürierstab pürieren.

7. Die Suppe mit der Einlage und der Sahne erneut erhitzen, nochmals nachwürzen und mit etwas angerührter Speisestärke leicht binden.

8. Die Gemüserahmsuppe dekorativ anrichten, mit Basilikumblättchen garnieren und mit frischem Baguette sofort servieren.

Lauchsüppchen mit Hackfleisch

Für 4 Personen:

500 g Lauch, 1 Zwiebel, 2–3 EL Butterschmalz, 500 g Hackfleisch
100 ml Weißwein
800 ml Gemüse- oder Fleischbrühe
200 g frische Champignons
Salz, Pfeffer aus der Mühle
Muskat, Cayennepfeffer
Speisestärke zum Binden
200 g Sahneschmelzkäse
200 ml süße Sahne
Kräuterzweige zum Garnieren

1. Den Lauch putzen, waschen und in Scheiben schneiden, die Zwiebel schälen und fein würfeln. Das Butterschmalz in einem Topf erhitzen und das Hackfleisch darin anbraten. Die Zwiebel und den Lauch hinzufügen und unter ständigem Rühren glasig schwitzen.

2. Den Wein und die Brühe angießen, das Ganze zum Kochen bringen und bei mäßiger Hitze 20–25 Minuten köcheln lassen.

3. Die Champignons putzen, waschen, in Scheiben schneiden, in die Suppe geben und weitere fünf Minuten köcheln lassen.

4. Die Suppe mit Salz, Pfeffer, Muskat und Cayennepfeffer kräftig würzen. Die Lauchsuppe mit etwas angerührter Speisestärke leicht binden.

5. Den Schmelzkäse und die Sahne einrühren und so lange rühren, bis sich der Käse aufgelöst hat. Anschließend die Lauchsuppe nachwürzen.

6. Die Suppe in Tellern dekorativ anrichten, mit Kräuterzweigen belegen, garnieren und sofort servieren.

Kastaniensuppe

(ohne Abbildung)

Für 4 Personen:

1 EL Butter, 1 Zwiebel
2 Knoblauchzehen, 250 g geschälte Maronen, 50 ml Weißwein
500 ml Gemüsebrühe, 200 g saure Sahne, Salz, Pfeffer aus der Mühle
Muskat, Cayennepfeffer
4 Portionen geschlagene Sahne
2 Tassen geschälte Maronen
1 Bund Schnittlauch

1. Butter erhitzen und die geschälte, fein gehackte Zwiebel darin glasig schwitzen. Den Knoblauch schälen, fein hacken, zur Zwiebel geben und kurz mitschwitzen.

2. Die Maronen klein schneiden, zu den Knoblauchzwiebeln geben und kurz mitschwitzen. Mit Weißwein ablöschen und die Gemüsebrühe angießen. Bei mäßiger Hitze 8–10 Minuten köcheln lassen.

3. Die Kastaniensuppe pürieren und erneut erhitzen. Die saure Sahne einrühren, mit Salz, Pfeffer, Muskat und Cayennepfeffer kräftig abschmecken und mit den Maronen dekorativ anrichten.

4. Die Kastaniensuppe mit je einem Klacks geschlagener Sahne überziehen, mit frisch geschnittenem Schnittlauch bestreuen und sofort servieren.

Bohnen-Minestrone

Für 4 Personen:

2 Schalotten
2 Knoblauchzehen
2 Karotten
300 g Blumenkohlröschen
1 kleine Stange Lauch
500 ml Gemüsebrühe
je 200 g dicke Bohnen und grüne Bohnen (TK-Produkt)
2 Tomaten
250 ml geschälte, pürierte Tomaten
Salz, Pfeffer aus der Mühle
1 Prise Muskat
Parmesankäse zum Bestreuen

1. Die Schalotten und die Knoblauchzehen schälen, die Karotten, die Blumenkohlröschen und den Lauch putzen, waschen und alles in mundgerechte Stücke schneiden.

2. Die Gemüsebrühe zum Kochen bringen und das Gemüse darin 10 Minuten bissfest garen.

3. Die dicken Bohnen mit den grünen Bohnen in die Suppe geben und weitere 6–8 Minuten garen.

4. Die enthäuteten, entkernten, in Stücke geschnittenen Tomaten mit den geschälten, pürierten Tomaten zur Suppe geben und weitere fünf Minuten garen.

5. Die Suppe mit Salz, Pfeffer und Muskat kräftig abschmecken, dekorativ anrichten, mit geriebenem Parmesankäse bestreuen, garnieren und sofort servieren.

Gemüse-Minestrone

(ohne Abbildung)

Für 4 Personen:

1–2 EL Butter oder Margarine
1 Zwiebel
600 g gemischtes Gemüse (Rosenkohl, Karotten, Mais, Lauch und grüne Erbsen)
750 ml Gemüse- oder Fleischbrühe
Salz, Pfeffer aus der Mühle
1 Prise Muskat
1 Prise Cayennepfeffer
1 Prise Zucker
1 Bund Schnittlauch

1. Die Butter oder Margarine in einem Topf erhitzen und die geschälte und fein gehackte Zwiebel darin unter ständigem Rühren glasig schwitzen.

2. Das Gemüse je nach Sorte putzen, waschen, klein schneiden, zur Zwiebel geben und unter ständigem Rühren kurz mitschwitzen.

3. Die Gemüse- oder Fleischbrühe angießen, das Ganze zum Kochen bringen und das Gemüse bissfest garen.

4. Die Suppe mit Salz, Pfeffer, Muskat, Cayennepfeffer und Zucker kräftig abschmecken.

5. Den Schnittlauch verlesen, unter fließendem Wasser waschen, in feine Röllchen schneiden und diese über die Suppe streuen.

6. Die Gemüsesuppe dekorativ anrichten, garnieren und sofort servieren.

Mallorquinische Fischsuppe

Für 4 Personen:

4 Schalotten
2–3 Knoblauchzehen
2 EL Olivenöl
2–3 EL Tomatenmark
200 ml Weißwein
400 ml Gemüse- oder Fischbrühe
2 Lorbeerblätter
1 TL Wacholderbeeren
Salz, Pfeffer aus der Mühle
1 Prise Cayennepfeffer
1 Packung Meeresfrüchtemischung (250 g, TK-Produkt)
4 cl Sherry medium
Saft von ½ Zitrone
200 ml süße Sahne

Außerdem:
500 g Tomaten
500 g Fischfilet
einige Tropfen Zitronensaft
einige Tropfen Worcestersoße
1 Bund Dill
Kräuterzweige zum Garnieren

1. Die Schalotten und die Knoblauchzehen schälen und in feine Würfel schneiden.

2. Das Olivenöl in einem Topf erhitzen, Schalotten- und Knoblauchwürfel darin anschwitzen.

3. Das Tomatenmark unterrühren, den Weißwein und die Gemüse- oder Fischbrühe angießen, die Lorbeerblätter und die Wacholderbeeren hinzufügen und das Ganze zum Kochen bringen.

4. Die Suppe mit Salz, Pfeffer und Cayennepfeffer kräftig abschmecken und bei mäßiger Hitze 10 Minuten köcheln lassen.

5. Die aufgetauten Meeresfrüchte mit dem Sherry, dem Zitronensaft und der Sahne in die Suppe geben und einmal aufkochen lassen.

6. Die Tomaten enthäuten, entkernen und in Würfel schneiden. Die küchenfertigen Fischfilets waschen, trocken tupfen, in mundgerechte Stücke schneiden, mit Zitronensaft und Worcestersoße beträufeln und mit den Tomaten in die Suppe geben.

7. Die Fischsuppe bei mäßiger Hitze 10 Minuten köcheln lassen und erst dann den verlesenen, gewaschenen und zerpflückten Dill untermischen.

8. Die mallorquinische Fischsuppe nachwürzen, in tiefen Tellern dekorativ anrichten, mit Kräuterzweigen garnieren und sofort servieren.

Gurkencremesuppe

Für 4 Personen:

20 g Butter oder Margarine
1 Zwiebel
600 g Salatgurken
125 ml Weißwein
375 ml Gemüse- oder Fleischbrühe
200 g Crème fraîche mit Knoblauch
Salz, Pfeffer aus der Mühle
20 g gemischte, gehackte Kräuter (Basilikum, Oregano)
100 g geschlagene Sahne
100 g Weißbrotwürfel
Dillzweige zum Garnieren

1. Die Butter oder Margarine in einem Topf erhitzen und die geschälte, fein gehackte Zwiebel darin glasig schwitzen.

2. Die Gurken schälen, waschen, halbieren und das Kerngehäuse mit einem Teelöffel herauslösen.

3. Das Fruchtfleisch in Würfel schneiden, zu der Zwiebel geben und kurz mitschwitzen.

4. Mit Weißwein ablöschen, mit der Gemüsebrühe aufgießen und bei mäßiger Hitze 8–10 Minuten köcheln lassen.

5. Die Crème fraîche mit Knoblauch einrühren. Das Ganze mit Salz und Pfeffer würzen und die gehackten Kräuter untermischen.

6. Die Suppe im Mixer oder mit dem Pürierstab pürieren und erneut erhitzen.

7. Die Gurkencremesuppe dekorativ anrichten, mit je einem Klacks geschlagener Sahne belegen, mit den in einer trockenen Pfanne gerösteten Weißbrotwürfeln bestreuen, mit Dillzweigen garnieren und sofort servieren.

Kartoffelcremesuppe

(ohne Abbildung)

Für 4 Personen:

1–2 EL Butter oder Margarine
1 Zwiebel, 500 g Kartoffeln
500 ml Gemüse- oder Fleischbrühe
Salz, Pfeffer aus der Mühle
1 Prise Cayennepfeffer
1 Prise Muskat
1 Prise Zucker
200 ml süße Sahne
2 Eigelb
Kräuterzweige zum Garnieren

1. Die Butter oder Margarine in einem Topf erhitzen und die geschälte, fein gehackte Zwiebel darin glasig schwitzen.

2. Die Kartoffeln schälen, in Würfel schneiden, zu der Zwiebel geben und kurz mitschwitzen.

3. Die Gemüse- oder Fleischbrühe angießen und das Ganze unter ständigem Rühren zum Kochen bringen. Mit Salz, Pfeffer, Cayennepfeffer, Muskat und Zucker

abschmecken und bei mäßiger Hitze 15–20 Minuten köcheln lassen.

4. Die Kartoffelsuppe im Mixer oder mit dem Pürierstab pürieren und erneut erhitzen.

5. Die Kartoffelsuppe nochmals abschmecken.

6. Die Sahne und die Eigelbe miteinander verrühren. Die Suppe damit legieren, vom Herd nehmen, nicht mehr kochen lassen.

7. Die Kartoffelcremesuppe dekorativ anrichten, mit Kräuterzweigen garnieren und sofort servieren.

Schwäbische Flädlesuppe mit Gemüse

Für 4 Personen:

250 g Mehl
3 Eier
200 ml Buttermilch
300 ml Mineralwasser
Salz, Pfeffer aus der Mühle
½ Bund glatte Petersilie
Butterschmalz zum Ausbacken

Außerdem:
100 g Schalotten
500 g Karotten
1 EL Butter
1 Stange Lauch
1 l Gemüse- oder Fleischbrühe
1 Prise Muskat
1 Bund Schnittlauch

1. Das gesiebte Weizenmehl mit den Eiern, der Buttermilch und dem Mineralwasser in eine Schüssel geben und zu einem glatten Teig verrühren.

2. Den Teig mit Salz und Pfeffer würzen und die verlesene, gewaschene und fein gehackte Petersilie unterrühren.

3. Das Butterschmalz in einer Pfanne erhitzen, portionsweise Pfannkuchen ausbacken, herausnehmen und bereitstellen.

4. Die Schalotten schälen und fein würfeln. Die Karotten schälen, waschen und in feine Stifte schneiden. Die Butter in einem Topf erhitzen, Zwiebeln und Karotten darin anschwitzen.

5. Den Lauch putzen, waschen, in Scheiben schneiden, zum Gemüse geben und kurz mitschwitzen.

6. Die Gemüse- oder Fleischbrühe angießen, zum Kochen bringen und das Gemüse darin bissfest garen. Die Brühe mit Salz, Pfeffer und Muskat würzen.

7. Die Pfannkuchen zusammenrollen, in dünne Streifen schneiden, in die Suppe geben und erhitzen.

8. Die Flädlesuppe mit Gemüse dekorativ anrichten, mit dem verlesenen, gewaschenen und fein geschnittenen Schnittlauch bestreuen und sofort servieren.

Gazpacho

Für 4 Personen:

1–2 EL Olivenöl
2 Knoblauchzehen
1 TL Salz
1 Zwiebel
100 ml Weißwein
600 g vollreife Tomaten
300 ml Tomatensaft
50 ml Olivenöl
30 ml Sherryessig
Salz, Pfeffer aus der Mühle
1 Prise Cayennepfeffer
1 Prise Zucker
150 g Weißbrot
1 Zwiebel
je ½ rote, grüne und gelbe Paprikaschote
1 kleine Zucchini
2 Tomaten

Außerdem:
100 g geröstete Weißbrotwürfel
1 Bund Schnittlauch
75 g frisch gehobelter Parmesankäse

1. Das Olivenöl in einem Topf erhitzen. Die geschälten, mit Salz zerriebenen Knoblauchzehen und die geschälte, fein gehackte Zwiebel ins Olivenöl geben und glasig schwitzen.

2. Den Weißwein angießen, die enthäuteten, entkernten, klein geschnittenen Tomaten hinzufügen und kurz mitschwitzen.

3. Das Ganze vom Herd nehmen, den Tomatensaft, das Olivenöl und den Sherryessig dazugeben und im Mixer oder mit dem Pürierstab pürieren.

4. Die Suppe mit Salz, Pfeffer, Cayennepfeffer und Zucker kräftig abschmecken und vollständig erkalten lassen.

5. Anschließend das entrindete und fein gewürfelte Weißbrot in die Suppe geben und diese nochmals pürieren.

6. Die Zwiebel schälen, die Paprikaschoten entkernen, waschen, gut abtropfen lassen, die Zucchini putzen, waschen und alles in sehr feine Würfel schneiden.

7. Die Tomaten enthäuten, entkernen und fein würfeln. Zum restlichen Gemüse geben und alles unter die Suppe mischen.

8. Die Gazpacho nochmals kräftig abschmecken und in dekorative Suppentassen füllen.

9. Mit den gerösteten Weißbrotwürfeln, dem fein geschnittenen Schnittlauch und dem frisch gehobelten Parmesankäse bestreuen, garnieren und sofort servieren.

Tomatentopf mit Nudeln

Für 4 Personen:

1 Zwiebel, 2 Knoblauchzehen
2 EL Olivenöl
1 Aubergine, 1 Zucchini
je 1 TL gerebeltes Basilikum, gerebelter Oregano und Thymian
100 ml Rotwein
1 Dose passierte Tomaten (400 g)
Salz, Pfeffer aus der Mühle
Muskat, Cayennepfeffer
je 300 g bissfest gegarte Tortellini und Penne rigate
Kräuterzweige zum Garnieren

1. Die Zwiebel und die Knoblauchzehen schälen und fein würfeln.

2. Das Olivenöl in einem Topf erhitzen, Zwiebel und Knoblauch darin anschwitzen. Die Aubergine putzen, waschen und in Würfel schneiden, zu den Knoblauchzwiebeln geben und kurz mitbraten.

3. Die Zucchini putzen, waschen, würfeln, zum Gemüse geben und mitschwitzen.

4. Mit Basilikum, Oregano und Thymian bestreuen, mit Rotwein ablöschen und die passierten Tomaten untermischen. Das Gemüse zum Kochen bringen und 6–8 Minuten köcheln lassen.

5. Mit Salz, Pfeffer, Muskat und Cayennepfeffer kräftig abschmecken. Die bissfest gegarten Nudeln untermischen, erhitzen und den Eintopf nachwürzen.

6. Den Tomatentopf mit Nudeln dekorativ anrichten, mit Kräuterzweigen garnieren und sofort servieren.

Vollkorn-Gemüsesuppe

(ohne Abbildung)

Für 4 Personen:

2 Scheiben dunkles Vollkornbrot
50 ml Olivenöl
1 Zwiebel
2 Knoblauchzehen
1 grüne Paprikaschote
1 kleine Chilischote
500 g geschälte Tomaten (Dose)
1 Salatgurke
Salz, Pfeffer, Zitronensaft, Zucker
Kräuterzweige und Kirschtomaten zum Garnieren

1. Das Vollkornbrot fein hacken. Das Olivenöl erhitzen, die Zwiebel und die Knoblauchzehen schälen, fein würfeln, ins Fett geben und glasig schwitzen.

2. Die Paprikaschote und die Chilischote halbieren, entkernen, waschen, abtropfen lassen, fein würfeln, zu den Knoblauchzwiebeln geben und mitschwitzen.

3. Das Gemüse vom Herd nehmen, mit den geschälten Tomaten, der geputzten, gewaschenen und ge-

würfelten Salatgurke vermischen und im Mixer oder mit dem Pürierstab pürieren.

4. Das Brot untermischen, mit Salz, Pfeffer, Zitronensaft und Zucker kräftig abschmecken.

5. Die Vollkorn-Gemüsesuppe im Kühlschrank erkalten lassen. Anschließend dekorativ anrichten, mit Kräuterzweigen und Kirschtomatenhälften garnieren und sofort servieren.

Panierte Schollenfilets auf Salat

Für 4 Personen:

4 küchenfertige Schollenfilets à 180 g
einige Tropfen Zitronensaft
einige Tropfen Worcestersoße
Salz, Pfeffer aus der Mühle
Mehl zum Wenden, 2–3 Eier
125 g Semmelbrösel
Butter zum Ausbacken

Für den Salat:
200 g Rucolasalat
150 g Lollo bionda
250 g Kirschtomaten

Für das Dressing:
50 ml Orangensaft
2–3 EL Honig
2–3 EL scharfer Senf
75 ml weißer Balsamicoessig
Salz, Pfeffer aus der Mühle
1 Prise Cayennepfeffer
75 ml Distelöl

Außerdem:
1 Zwiebel
Rucolablätter zum Garnieren

1. Die küchenfertigen Schollenfilets unter fließendem Wasser waschen, trocken tupfen, mit Zitronensaft und Worcestersoße beträufeln, mit Salz und Pfeffer würzen und im Kühlschrank 10–15 Minuten ziehen lassen.

2. Die Schollenfilets in Mehl wenden, die Eier in eine Schüssel geben und verschlagen. Das Paniermehl ebenfalls in eine Schüssel geben.

3. Die Schollenfilets zuerst durch die Eier ziehen und dann in den Semmelbröseln panieren. Die Butter in einer Pfanne erhitzen und die Schollenfilets darin backen.

4. Den Rucolasalat verlesen, waschen, gut abtropfen lassen und in mundgerechte Stücke zerpflücken.

5. Den Lollo bionda verlesen, waschen, gut abtropfen lassen und je nach Bedarf klein schneiden.

6. Die Kirschtomaten waschen, den Strunk herausschneiden und die Tomaten vierteln. Den Salat vorsichtig vermischen und dekorativ auf Tellern anrichten.

7. Für das Dressing den Orangensaft mit dem Honig, dem Senf und dem Aceto balsamico in eine Schüssel geben und verrühren. Mit Salz, Pfeffer und Cayennepfeffer abschmecken und das Distelöl einrühren.

8. Den Salat mit dem Dressing beträufeln und mit der geschälten und fein gewürfelten Zwiebel bestreuen. Die panierten Schollenfilets darauflegen, mit Rucolablättern garnieren und sofort servieren.

Bunter Salat mit Hähnchenbrustfilets

Für 4 Personen:

4 Hähnchenbrustfilets
Salz, Pfeffer aus der Mühle
1 Knoblauchzehe
300 ml Gemüsebrühe
200 ml Rotwein
1 kleiner Kopf Endiviensalat
4 Tomaten, 1 Zwiebel

Für das Dressing:
200 ml Kochsud
75 ml Kräuteressig
1 Prise Zucker
75 ml Olivenöl
150 g Magerquark
50 ml süße Sahne
1 hart gekochtes Ei
2 Essiggurken
1 Prise Cayennepfeffer

Außerdem:
½ Bund Petersilie

1. Die küchenfertigen Hähnchenbrustfilets unter fließendem Wasser waschen, trocken tupfen und mit Salz und Pfeffer würzen.

2. Die Knoblauchzehen schälen, fein hacken, mit Salz zu einer Paste zerreiben und die Hähnchenbrustfilets damit einreiben. Die Gemüsebrühe und den Rotwein in einem Dampftopf erhitzen.

3. Den Dampfeinsatz in den Topf geben, die Hähnchenbrustfilets einlegen und zugedeckt 25 Minuten dämpfen.

4. Den Endiviensalat verlesen, waschen, gut abtropfen lassen und in mundgerechte Stücke zerpflücken.

5. Die Tomaten enthäuten, entkernen und in Streifen schneiden, die Zwiebel schälen und fein würfeln.

6. Den Endiviensalat mit den Tomaten und den Zwiebelwürfeln in einer Schüssel vermischen und dekorativ auf Tellern anrichten.

7. Für das Dressing 200 ml Kochsud abmessen, mit dem Kräuteressig verrühren, mit Salz, Pfeffer und Zucker abrunden und das Olivenöl tropfenweise einrühren.

8. Den Magerquark mit der Sahne in eine Schüssel geben und glatt rühren.

9. Das Ei pellen, fein hacken, mit den fein gehackten Essiggurken unter dem Quark rühren, mit Salz, Pfeffer und Cayennepfeffer würzen.

10. Die Hähnchenbrust aus dem Dampftopf nehmen, in Scheiben schneiden und auf dem Salat dekorativ anrichten.

11. Das Ganze mit dem Dressing beträufeln, die Quarksoße darauf verteilen, mit der verlesenen, gewaschenen und fein gehackten Petersilie bestreuen und sofort ser-

Deftiger Wurstsalat

Für 4 Personen:

600 g Lyoner Fleischwurst
200 g Emmentaler
2 Zwiebeln
200 g Radieschen
250 g Kirschtomaten
1 Bund Petersilie

Für das Dressing:
100 ml Rotweinessig
50 ml Gemüse- oder Fleischbrühe
Salz, Pfeffer aus der Mühle
1 TL Zucker
1 Prise Cayennepfeffer
50 ml Olivenöl

Außerdem:
1 kleine Salatgurke
1 kleiner Kopfsalat
Kräuterzweige zum Garnieren

1. Die Fleischwurst enthäuten, in feine Streifen schneiden und in eine Schüssel geben.

2. Den Emmentaler ebenfalls in feine Streifen schneiden. Die Zwiebeln schälen, in feine Scheiben schneiden und mit dem Käse zur Wurst geben.

3. Die Radieschen putzen, waschen, halbieren oder vierteln. Die Kirschtomaten waschen, vom Strunk befreien, die Tomaten vierteln und mit den Radieschen zum Salat geben.

4. Die Petersilie verlesen, waschen, gut abtropfen lassen, hacken, zum Salat geben und alles gut miteinander vermischen.

5. Für das Dressing den Rotweinessig mit der Gemüse- oder Fleischbrühe in einer Schüssel verrühren, mit Salz, Pfeffer, Zucker und Cayennepfeffer würzen.

6. Das Olivenöl einrühren und den Wurstsalat damit anmachen.

7. Den Wurstsalat kurz ziehen lassen und nochmals abschmecken. Die Salatgurke waschen und in dünne Scheiben schneiden.

8. Den Kopfsalat putzen, waschen, gut abtropfen lassen und zerpflücken.

9. Die Salatgurkenscheiben und die Salatblätter auf Teller legen, den Wurstsalat dekorativ darauf anrichten, mit Kräuterzweigen garnieren und sofort servieren.

Feldsalat mit Sesamgarnelen

Für 4 Personen:

16–20 geschälte Riesengarnelen
Saft von 1 Zitrone
einige Tropfen Worcestersoße
Salz, Pfeffer aus der Mühle
100 g Sesamsamen
Butterschmalz zum Braten

Für den Salat:
250 g Feldsalat
50 ml Olivenöl, 1 Zwiebel
1 Stück Ingwerwurzel
2 Knoblauchzehen
100 ml Weißwein
Saft von 1 Limette
50 ml weißer Balsamicoessig
1 Prise Cayennepfeffer
1 Prise Zucker

Außerdem:
Tomatenecken und Limettenscheiben zum Garnieren

1. Die Garnelen unter fließendem Wasser waschen, trocken tupfen, mit Zitronensaft und Worcestersoße beträufeln, mit Salz und Pfeffer würzen. In den Sesamsamen wälzen und kurz ziehen lassen.

2. Das Butterschmalz in einer Pfanne erhitzen und die Sesamgarnelen darin auf beiden Seiten goldgelb braten.

3. Den Feldsalat verlesen, waschen, gut abtropfen lassen und auf Tellern dekorativ anrichten.

4. Das Olivenöl in einer Pfanne erhitzen. Die Zwiebel schälen, fein würfeln, ins Fett geben und glasig schwitzen.

5. Die Ingwerwurzel schälen, grob raspeln, mit den geschälten, fein gehackten Knoblauchzehen zur Zwiebel geben und kurz dünsten.

6. Den Weißwein und den Limettensaft angießen und einmal aufkochen lassen. Vom Herd nehmen und den Balsamicoessig einrühren.

7. Das Dressing mit Salz, Pfeffer, Cayennepfeffer und Zucker abschmecken und noch warm über den Feldsalat träufeln. Die Sesamgarnelen dazulegen, mit Tomatenecken und Limettenscheiben garnieren und sofort servieren.

Griechischer Bauernsalat

Für 4 Personen:

1 Salatgurke, je 1 rote, gelbe und grüne Paprikaschote
4 Tomaten, 2 Zwiebeln
100 g entsteinte, grüne Oliven
300 g Fetakäse

Für das Dressing:
100 ml Gemüsebrühe
100 ml Kräuteressig
2 EL mittelscharfer Senf
Salz, Pfeffer aus der Mühle
1 Prise Cayennepfeffer
1 Prise Zucker
100 ml Sonnenblumenöl

1. Die Salatgurke putzen, waschen, halbieren oder vierteln und in Scheiben schneiden Die Paprikaschoten halbieren, entkernen, waschen und in mundgerechte Stücke schneiden.

2. Die Tomaten waschen, vom Strunk befreien und in Achtel schneiden. Die Zwiebeln schälen und in feine Ringe schneiden.

3. Die Salatzutaten in eine Schüssel geben und vorsichtig mit den Oliven und dem in Würfel geschnittenen Schafskäse vermischen.

4. Für das Dressing die Gemüsebrühe, den Kräuteressig, den Senf, das Salz, den Pfeffer, den Cayennepfeffer und den Zucker in einer Schüssel verrühren und das Sonnenblumenöl tropfenweise unterziehen.

5. Den Salat mit dem Dressing anmachen, dekorativ anrichten, garnieren und sofort servieren.

Feldsalat mit roten Linsen

(ohne Abbildung)

Für 4 Personen:

100 g rote Linsen, 300 ml Gemüsebrühe, 200 g Feldsalat, 1 gelbe Paprikaschote, 2 säuerliche Äpfel Saft von 1 Zitrone, 4 Scheiben Weißbrot, 4 hart gekochte Eier

Außerdem:
125 ml Linsenfond, 150 g Joghurt
2 EL Johannisbeergelee
2–3 EL Rotweinessig, Salz, Pfeffer aus der Mühle, Cayennepfeffer Kräuterzweige zum Garnieren

1. Die Linsen unter fließendem Wasser waschen und gut abtropfen lassen. Die Gemüsebrühe in einem Topf erhitzen und die Linsen darin bissfest garen. Die Linsen abgießen und erkalten lassen. Vom Linsenfond 125 ml bereitstellen.

2. Den Feldsalat verlesen, waschen, gut abtropfen lassen und zu den roten Linsen geben.

3. Die Paprikaschote halbieren, entkernen, waschen, gut abtropfen lassen, in feine Streifen schneiden und zum Salat geben.

4. Die Äpfel waschen, halbieren, entkernen, in feine Schnitze schneiden und sofort mit Zitronensaft beträufeln.

5. Das Weißbrot toasten und diagonal halbieren. Die Eier pellen, zwei Eier in Scheiben schneiden, die restlichen Eier halbieren, die Eigelbe herausnehmen und in eine Schüssel geben. Die Eiweiße in Würfel schneiden.

6. Für das Dressing den Linsenfond mit dem Joghurt, dem Johannisbeergelee und dem Rotweinessig in eine Schüssel geben und glatt rühren.

7. Die Eigelbe durch ein Sieb streichen und unter das Dressing rühren. Mit Salz, Pfeffer und Cayennepfeffer abschmecken.

8. Den Salat auf den Apfelschnitzen dekorativ anrichten. Die Toastecken mit Eischeiben belegen und zum Salat geben. Diesen mit dem Dressing beträufeln, mit Kräuterzweigen garnieren und sofort servieren.

Brotsalat mit Minze

Für 4 Personen:

1 Baguette
75 ml Olivenöl
2–3 Knoblauchzehen
1 Zwiebel
4 Tomaten
1 Bund Minze
Salz, Pfeffer aus der Mühle
1 Prise Cayennepfeffer
1 Prise Korianderpulver
1 Prise Kreuzkümmelpulver
Saft von 2 Zitronen
1 Prise Zucker
75 ml Weißwein oder Apfelsaft

Außerdem:
1 kleiner Kopf Romanasalat
200 g dünne Scheiben gekochter Schinken
Minze zum Garnieren

1. Das Baguette in 1 cm dicke Scheiben schneiden und diese nochmals ein- bis zweimal durchbrechen.

2. Das Olivenöl mit den geschälten, fein gehackten Knoblauchzehen in eine Pfanne geben und erhitzen.

3. Die Baguettestücke ins Knoblauchfett geben, goldgelb rösten, herausnehmen und bereitstellen.

4. Die Zwiebel schälen, in feine Würfel schneiden, ins verbliebene Bratfett geben und glasig schwitzen.

5. Die Tomaten enthäuten, entkernen, in Würfel schneiden, mit der verlesenen, gewaschenen und fein gehackten Minze zur Zwiebel geben und kurz durchschwitzen.

6. Das Brot dazugeben, durchschwenken, mit Salz, Pfeffer, Cayennepfeffer, Koriander und Kreuzkümmel kräftig würzen.

7. Den Zitronensaft mit etwas Zucker und dem Weißwein oder Apfelsaft in eine Schüssel geben und verrühren. Mit Salz, Pfeffer und Cayennepfeffer würzen.

8. Den Romanasalat verlesen, waschen, gut abtropfen lassen und in mundgerechte Stücke zerpflücken.

9. Die Schinkenscheiben zu Röllchen drehen und mit dem Salat und dem Brot dekorativ in Schalen oder auf Tellern anrichten.

10. Den Brotsalat mit dem Dressing beträufeln, mit Minze garnieren und sofort servieren.

Blitzsalat

Für 4 Personen:

1 Stange Lauch
je 1 rote und grüne Paprikaschote
1 Zwiebel
150 g Zuckermais (TK-Produkt)
150 g grüne Erbsen (TK-Produkt)
Salzwasser oder Gemüsebrühe zum Garen
150 g gekochter Schinken
150 g Käse (z. B. Emmentaler oder Gouda)
einige Tropfen Olivenöl
einige Tropfen Estragonessig
Salz, Pfeffer aus der Mühle

Für das Dressing:
150 g kalorienarme Salatcreme
150 g Joghurt
Saft von 1 Zitrone
1 Prise Zucker
1 Prise Cayennepfeffer
1 Prise Muskat

Außerdem:
Basilikum zum Garnieren

1. Den Lauch putzen, waschen, gut abtropfen lassen und in Scheiben schneiden.

2. Die Paprikaschoten halbieren, entkernen, waschen, gut abtropfen lassen und in Streifen schneiden.

3. Die Zwiebel schälen und in Scheiben schneiden. Den Mais und die Erbsen auftauen lassen.

4. Salzwasser oder Gemüsebrühe in einem Topf zum Kochen bringen, den Mais und die Erbsen darin sortenweise kurz blanchieren. Herausnehmen, gut abtropfen lassen und mit dem restlichen Gemüse in eine Schüssel geben.

5. Den Schinken und den Käse in Würfel oder Streifen schneiden, zum Gemüse geben und alles vorsichtig vermischen.

6. Mit Olivenöl und Estragonessig beträufeln, mit Salz und Pfeffer würzen und dekorativ auf Tellern anrichten.

7. Für das Dressing die Salatcreme mit dem Joghurt und dem Zitronensaft verrühren.

8. Mit Salz, Pfeffer, Zucker, Cayennepfeffer und Muskat kräftig abschmecken und gleichmäßig auf dem Salat verteilen.

9. Den Blitzsalat mit Basilikum garnieren und sofort servieren.

SALZ

Nudelsalat mit Cocktailwürstchen

Für 4 Personen:

300 g Schmetterlingsnudeln (Farfalle)
Salzwasser zum Garen
einige Tropfen Olivenöl
1 Glas Cocktailwürstchen
2 Paar Debreziner
1 Stück Ananas
je 1 rote und grüne Paprikaschote
100 g Schalotten
150 g grüne Erbsen (TK-Produkt)

Für das Dressing:
1 EL Curry
100 ml Gemüsebrühe
50 ml Weißweinessig
Salz, Pfeffer aus der Mühle
1 Prise Cayennepfeffer
2 EL Mangochutney
125 g Crème fraîche

Außerdem:
Kräuterzweige zum Garnieren

1. Die Nudeln im Salzwasser mit dem Olivenöl bissfest garen, abgießen, abschrecken, gut abtropfen lassen und bereitstellen.

2. Die Cocktailwürstchen gut abtropfen lassen, die Debreziner in feine Würfel oder Scheiben schneiden.

3. Die Ananas schälen, den Strunk herausschneiden und das Fruchtfleisch in mundgerechte Stücke schneiden.

4. Die Paprikaschoten halbieren, entkernen, waschen, gut abtropfen lassen und in feine Würfel schneiden.

5. Die Schalotten schälen und fein würfeln. Die Erbsen auftauen lassen, im kochenden Salzwasser kurz blanchieren, abgießen und abtropfen lassen. Mit den restlichen Zutaten zu den Nudeln geben und alles vorsichtig miteinander vermischen.

6. Für das Dressing den Curry in einer trockenen Pfanne kurz anbraten, die Gemüsebrühe und den Weißweinessig angießen.

7. Das Ganze vom Herd nehmen, mit Salz, Pfeffer, Cayennepfeffer und Mangochutney würzen und die Crème fraîche einrühren.

8. Den Salat mit dem Dressing anmachen und im Kühlschrank 15 Minuten ziehen lassen. Anschließend nachwürzen, dekorativ anrichten, mit Kräuterzweigen garnieren und sofort servieren.

Salat mit Minutenschnitzeln

Für 4 Personen:

600 g Schweinefilet
Salz, Pfeffer aus der Mühle
einige Tropfen Sojasoße
Mehl zum Wenden
Fett zum Braten

Für den Salat:
1 kleiner Kopf Radicchio
1 kleiner Kopf Friséesalat
1 kleiner Kopf Romanasalat
100 g Feldsalat
2 Orangen, 2–3 Karotten
einige Tropfen weißer Balsamicoessig
einige Tropfen Olivenöl
Salz, Pfeffer aus der Mühle

Für das Dressing:
200 g Joghurt
Saft von 1 Zitrone
Saft von 1 Orange
2 EL Honig

1. Das küchenfertige Schweinefilet unter fließendem Wasser waschen, trocken tupfen und in dünne Scheiben schneiden.

2. Die Scheiben leicht klopfen, mit Salz und Pfeffer würzen und mit der Sojasoße beträufeln.

3. Die Fleischscheiben anschließend in Mehl wenden. Fett in einer Pfanne erhitzen und die Filetscheiben darin braten.

4. Die Blattsalate verlesen, waschen, gut abtropfen lassen, in mundgerechte Stücke zerpflücken und in einer Schüssel vermischen.

5. Die Orangen großzügig schälen und filieren. Die Karotten schälen und in feine Streifen schneiden oder raspeln.

6. Beides zum Salat geben und vermischen. Dekorativ anrichten, mit Balsamicoessig und Olivenöl beträufeln, leicht salzen und pfeffern.

7. Den Joghurt mit dem Zitronensaft, dem Orangensaft und dem Honig in einer Schüssel glatt rühren. Mit Salz und Pfeffer würzen.

8. Die Filetscheiben auf dem Salat verteilen. Das Ganze mit dem Dressing beträufeln, garnieren und sofort servieren.

Nudelsalat mit Hähnchenbrust

Für 4 Personen:

400 g Spiralnudeln
Salzwasser zum Garen
einige Tropfen Olivenöl
400 g Hähnchenbrustfilets
Salz, Pfeffer aus der Mühle
Öl zum Braten
150 g grüne Erbsen (TK-Produkt)
Salzwasser zum Garen
je 1 rote und grüne Paprikaschote
1 Chilischote
3–4 Tomaten
½ Ananas

Für das Dressing:
2 gehäufte TL Curry
Saft von 1 Zitrone
3 frische Eigelb
100 ml Orangensaft
1–2 EL Karamellsirup
Salz, 1 Prise Cayennepfeffer
125 ml Sonnenblumenöl

1. Die Nudeln im Salzwasser mit dem Olivenöl bissfest garen, abgießen, abschrecken, gut abtropfen lassen, in eine Schüssel geben und erkalten lassen.

2. Die Hähnchenbrustfilets unter fließendem Wasser waschen, trocken tupfen, in Streifen schneiden, mit Salz und Pfeffer würzen und im erhitzten Öl braten. Herausnehmen, erkalten lassen und zu den Nudeln geben.

3. Die Erbsen im Salzwasser bissfest garen, abgießen, abschrecken und ebenfalls zu den Nudeln geben.

4. Die Paprikaschoten und die Chilischote halbieren, entkernen, waschen und in feine Würfel schneiden.

5. Die Tomaten waschen, vom Strunk befreien, entkernen, in Würfel schneiden und unter die Nudeln mischen.

6. Die Ananas schälen, die Augen und den Strunk herausschneiden, das Fruchtfleisch in Stücke schneiden und unterheben.

7. Für das Dressing alle Zutaten bereitstellen, damit sie Zimmertemperatur annehmen.

8. Den Curry, den Zitronensaft, die Eigelbe, den Orangensaft und den Karamellsirup in eine Schüssel geben und kräftig verrühren. Mit Salz und Cayennepfeffer abschmecken.

9. Das Sonnenblumenöl in dünnem Strahl unter ständigem Rühren nach und nach einrühren.

10. Den Nudelsalat mit dem Dressing anmachen, kurz ziehen lassen, nochmals nachwürzen, dekorativ anrichten und sofort servieren.

Fitnesssalat mit Schnitzelstreifen

Für 4 Personen:

500 g Schweineschnitzel
Salz, Pfeffer aus der Mühle
1 TL Paprikapulver rosenscharf
1 TL Knoblauchgranulat, Mehl zum Wenden, 2 Eier, 150 g Semmelbrösel
Fett zum Frittieren

Für den Salat:
1 kleiner Kopf grüner Salat (Kopf- oder Eichblattsalat)
100 g frische Champignons
Saft von ½ Zitrone, 2 Tomaten
1 gelbe Paprikaschote, 1 Zwiebel

Außerdem:
100 ml Gemüsebrühe
50 ml Kräuteressig
Saft von ½ Zitrone, 1 Prise Zucker
75 ml Sonnenblumenöl, 2 EL geröstete, geschälte Sonnenblumenkerne
Basilikumblättchen zum Garnieren

1. Die Schweineschnitzel unter fließendem Wasser waschen, trocken tupfen und in mundgerechte Streifen schneiden. Mit Salz, Pfeffer, Paprikapulver und Knoblauchgranulat würzen und die Schnitzelstreifen in Mehl wenden.

2. Die Eier in einem Teller verschlagen und die Semmelbrösel in einen zweiten Teller geben. Die Schnitzelstreifen durch die Eier ziehen und mit den Semmelbröseln panieren.

3. Das Fett in einem Frittiertopf erhitzen, die Schnitzelstreifen darin goldgelb ausbacken, herausnehmen, auf Küchenkrepp gut abtropfen lassen und warm stellen.

4. Den grünen Salat verlesen, waschen, gut abtropfen lassen, in mundgerechte Stücke zerpflücken und in eine Schüssel geben. Die Champignons putzen, in Scheiben schneiden und mit Zitronensaft beträufeln. Die Tomaten waschen, den Strunk entfernen und die Tomaten achteln.

5. Die Paprikaschote halbieren, entkernen, waschen, gut abtropfen lassen und in feine Würfel schneiden. Die Zwiebel schälen und in Scheiben schneiden.

6. Die Champignons, die Tomaten, die Paprikawürfel und die Zwiebelscheiben zum Salat geben und alles vorsichtig miteinander vermischen.

7. Für das Dressing die Gemüsebrühe mit dem Kräuteressig und dem Zitronensaft in einer Schüssel verrühren. Mit Salz, Pfeffer und Zucker abschmecken, das Sonnenblumenöl tropfenweise einrühren und den Salat damit anmachen.

8. Den Salat auf Tellern dekorativ anrichten, die Schnitzelstreifen darauf verteilen, das Ganze mit den gerösteten Sonnenblumenkernen bestreuen, mit Basilikumblättchen garnieren und sofort servieren.

Kohlrabigratin mit Eierguss

Für 4 Personen:

4 Knollen Kohlrabi
Gemüsebrühe zum Garen
Butter zum Ausfetten

Für den Guss:
4 Eier
200 ml Milch
Salz, Pfeffer aus der Mühle
1 Prise Muskat

Außerdem:
2 Tomaten
50 g frisch gehobelter Parmesankäse
1 Bund Petersilie

1. Den Kohlrabi putzen, schälen, waschen, in Scheiben schneiden und in der erhitzten Gemüsebrühe bissfest garen.

2. Die Kohlrabischeiben abgießen und gut abtropfen lassen. Eine Auflaufform mit der Butter ausfetten und die Kohlrabischeiben in die Form schichten.

3. Die Eier mit der Milch in einer Schüssel verschlagen, mit Salz, Pfeffer und Muskat würzen und über dem Auflauf verteilen.

4. Den Kohlrabiauflauf in dem auf 180–200 °C vorgeheizten Backofen 30–40 Minuten garen.

5. In der Zwischenzeit die Tomaten waschen, vom Strunk befreien, halbieren, entkernen und in Würfel schneiden.

6. Das Kohlrabigratin aus dem Ofen nehmen, dekorativ anrichten, mit den Tomatenwürfeln, dem frisch gehobelten Parmesan und der verlesenen, gewaschenen und fein gehackten Petersilie bestreuen und sofort servieren.

Gratin mit Schafskäse

Für 4 Personen:

3 bunte Paprikaschoten, 3 Tomaten
3 Zwiebeln, 3 Knoblauchzehen
3–4 EL Olivenöl
2 TL Kräuter der Provence
Salz, Pfeffer aus der Mühle
Cayennepfeffer, Zucker
Butter zum Ausfetten
300 g Fetakäse, 1 Bund Basilikum

1. Die Paprikaschoten halbieren, entkernen, waschen und in grobe Würfel schneiden.

2. Die Tomaten waschen, vom Strunk befreien und achteln.

3. Die Zwiebeln schälen und in Ringe schneiden. Die Knoblauchzehen schälen und fein würfeln.

4. Das Olivenöl in einer Pfanne erhitzen. Zwiebeln, Knoblauch und Paprika ins Öl geben und kurz anschwitzen.

5. Die Tomaten dazugeben, kurz mitschwitzen, mit den Kräutern der Provence, Salz, Pfeffer, Cayennepfeffer und Zucker kräftig würzen.

6. Die Gemüsemischung in eine ausgefettete Auflaufform geben, mit dem zerbröselten Schafskäse bestreuen und das Ganze in dem auf 180–200 °C vorgeheizten Backofen 25 Minuten garen.

7. Das Gemüsegratin mit Schafskäse aus dem Ofen nehmen, dekorativ anrichten, mit Basilikumblättchen garnieren und mit frischem Baguette sofort servieren.

Pilzauflauf

(ohne Abbildung)

Für 4 Personen:

2 Schalotten, 1 Stange Lauch
250 g Kirschtomaten
350 g Austernpilze
150 g Pfifferlinge
3–4 EL Olivenöl
Salz, Pfeffer aus der Mühle
1 TL Selleriesalz
1 Prise Muskat
1 Prise Cayennepfeffer
250 g geriebener Gouda
1 EL Paprikapulver edelsüß
Kräuterzweige zum Garnieren

1. Die Schalotten schälen und in feine Würfel schneiden. Den Lauch putzen, waschen und ebenfalls in feine Würfel schneiden.

2. Die Kirschtomaten waschen und den Strunk herausschneiden. Die Austernpilze und die Pfifferlinge verlesen, putzen und je nach Bedarf klein schneiden.

3. Das Öl in einer Pfanne erhitzen, die Schalotten und den Lauch dazugeben und glasig schwitzen. Die Austernpilze und die Pfifferlinge hinzufügen und kurz mitschwitzen.

4. Die Kirschtomaten untermischen. Mit Salz, Pfeffer, Selleriesalz, Muskat und Cayennepfeffer kräftig abschmecken.

5. Das Gemüse in eine Auflaufform füllen. Den geriebenen Gouda mit dem Paprikapulver vermischen und über das Gemüse streuen.

6. Den Pilzauflauf in dem auf 180–200 °C vorgeheizten Backofen 10–15 Minuten garen.

7. Nach Ende der Garzeit den Pilzauflauf aus dem Ofen nehmen, dekorativ anrichten, mit Kräuterzweigen garnieren und sofort servieren.

Eierkuchen mit Gemüse

Für 4 Personen:

400 g Blumenkohlröschen
400 g Brokkoliröschen
Salzwasser oder Gemüsebrühe zum Garen
10 Eier
40 ml süße Sahne
200 g geriebener Butterkäse
Salz, Pfeffer aus der Mühle
1 Prise Muskat
1 Prise Cayennepfeffer
3 Zweige Thymian

Außerdem:
Butter zum Ausbacken
Champignon- und Kirschtomatenscheiben zum Garnieren

1. Die Blumenkohl- und Brokkoliröschen verlesen, waschen und in mundgerechte Stücke schneiden.

2. Salzwasser oder Gemüsebrühe in einem Topf zum Kochen bringen und das Gemüse darin bissfest garen.

3. Das Gemüse aus dem Sud nehmen, gut abtropfen lassen und bereitstellen.

4. Die Eier mit der Sahne in eine Schüssel geben und mit dem Schneebesen verschlagen.

5. Den Butterkäse untermischen, das Ganze mit Salz, Pfeffer, Muskat und Cayennepfeffer würzen und den zerpflückten Thymian einrühren.

6. Die Butter erhitzen, das Gemüse dazugeben und durchschwenken. Die Eimasse darübergießen und den Eierkuchen in dem auf 160 °C vorgeheizten Backofen 15 Minuten backen.

7. Den Eierkuchen aus dem Backofen nehmen, dekorativ anrichten, mit Champignon- und Kirschtomatenscheiben garnieren und mit einem bunten Salat mit Zitronendressing sofort servieren.

Ofentomaten mit Feta-Käse

Für 4 Personen:

500 g Kirschtomaten
Salz, Pfeffer aus der Mühle
2 EL Puderzucker
3–4 EL Balsamicoessig
3–4 EL Olivenöl

Außerdem:
400 g Feta-Käse
100 g entsteinte, grüne Oliven
3–4 EL Balsamicoessig
3–4 EL Olivenöl
Basilikumblättchen zum Garnieren

1. Die Kirschtomaten unter fließendem Wasser waschen, gut abtropfen lassen und in eine Schüssel geben.

2. Die Tomaten mit Salz, Pfeffer und Puderzucker würzen, mit Balsamicoessig und Olivenöl beträufeln und alles gut vermischen.

3. Die Tomaten in eine Auflaufform geben und in dem auf 180 °C vorgeheizten Backofen 15 Minuten garen.

4. Den Fetakäse in Scheiben schneiden und auf Tellern dekorativ anrichten.

5. Die entsteinten Oliven in Scheiben schneiden und auf dem Käse verteilen.

6. Das Ganze mit Balsamicoessig und Olivenöl beträufeln und mit Salz und Pfeffer würzen.

7. Die fertigen, geschmorten Kirschtomaten zum Käse geben, mit Basilikumblättchen garnieren und mit einem frisch gebackenen Baguette sofort servieren.

Medaillons auf Karottengemüse

Für 4 Personen:

Für das Gemüse:
1 kg Karotten
30 g Butter
1 EL Zucker
50 ml Weißwein
250 ml Gemüsebrühe
Salz, weißer Pfeffer aus der Mühle
1 Prise Muskat
1 Prise Cayennepfeffer

Außerdem:
8 Schweinemedaillons à 80–100 g
Fett zum Braten
1 Zwiebel
je 2 Zweige Rosmarin, Majoran und Salbei
125 ml Rotwein
375 ml gebundene Bratensoße
einige Tropfen Madeira
Kräuterzweige und Grissini zum Garnieren
Frühlingszwiebeln zum Bestreuen

1. Die Karotten schälen, gründlich waschen und in dünne Scheiben schneiden.

2. Die Butter in einem Topf erhitzen. Den Zucker hinzufügen, leicht karamellisieren lassen, die Karotten dazugeben und durchschwenken.

3. Das Ganze mit Weißwein ablöschen und die Gemüsebrühe angießen. Zugedeckt bei mäßiger Hitze 10–12 Minuten köcheln lassen, mit Salz, Pfeffer, Muskat und Cayennepfeffer kräftig würzen und warm stellen.

4. Die küchenfertigen Schweinemedaillons unter fließendem Wasser waschen, trocken tupfen, mit Salz, Pfeffer und Cayennepfeffer würzen.

5. Etwas Fett in einer Pfanne erhitzen, die Medaillons darin braten, herausnehmen und warm stellen.

6. Die Zwiebel schälen, fein würfeln, ins verbliebene Bratfett geben und glasig schwitzen.

7. Die verlesenen, gewaschenen und sehr fein geschnittenen Kräuter zu der Zwiebel geben und kurz mitschwitzen.

8. Den Rotwein und die Bratensoße angießen, erhitzen, mit dem Madeira verfeinern, mit Salz, Pfeffer und Cayennepfeffer würzen.

9. Die Bratensoße und die Karottenscheiben auf heißen Tellern dekorativ anrichten.

10. Die Schweinemedaillons auf die Karotten setzen, mit Kräuterzweigen und Grissini garnieren, mit Frühlingszwiebelscheibchen bestreuen und sofort servieren.

Nudelpfanne mit Pilzen

Für 4 Personen:

300 g Gabelspaghetti
Salzwasser zum Garen
einige Tropfen Olivenöl

Für die Soße:
2–3 EL Butter
2 Knoblauchzehen
1 Zwiebel
3–4 Frühlingszwiebeln
250 g frische Champignons
Saft von 1 Zitrone
100 ml Weißwein
100 ml Geflügelbrühe
Salz, Pfeffer aus der Mühle
½ Bund Petersilie

Außerdem:
150 g Frühstücksspeckscheiben
Olivenöl zum Braten
Petersilienzweige zum Garnieren

1. Die Gabelspaghetti im Salzwasser mit dem Olivenöl bissfest garen, abgießen, abschrecken und gut abtropfen lassen.

2. Die Butter in eine Pfanne geben und erhitzen. Die Knoblauchzehen und die Zwiebel schälen, fein würfeln, ins Fett geben und glasig schwitzen.

3. Die geputzten, gewaschenen und klein geschnittenen Frühlingszwiebeln zu den Knoblauchzwiebeln geben und kurz dünsten.

4. Die Champignons putzen, waschen, in Scheiben schneiden und mit Zitronensaft beträufeln. Ebenfalls zu den Knoblauchzwiebeln geben und kurz mitschwitzen.

5. Den Weißwein und die Geflügelbrühe zum Gemüse geben und einmal aufkochen lassen.

6. Mit Salz und Pfeffer kräftig würzen und die verlesene, gewaschene und fein geschnittene Petersilie untermischen.

7. Die fertigen Gabelspaghetti hinzufügen und durchschwenken, mit Salz und Pfeffer nochmals nachwürzen.

8. Die Frühstücksspeckscheiben im erhitzten Olivenöl kross braten. Die Nudelpfanne dekorativ anrichten, mit den Speckscheiben belegen, mit Petersilienzweigen garnieren und sofort servieren.

Bohnentopf mit Paprikawürstchen

Für 4 Personen:

500 g Paprikawürstchen
2–3 EL Olivenöl
2–3 Knoblauchzehen
2 Zwiebeln
je 1 rote, gelbe und grüne Paprikaschote
1 eingelegte, grüne Peperoni
2–3 EL Tomatenmark
500 ml Gemüse- oder Fleischbrühe
Salz, Pfeffer aus der Mühle
1 EL Paprikapulver edelsüß
1 TL Paprikapulver rosenscharf
1 TL gerebelter Thymian
1 TL gerebelter Rosmarin
1 kleine Dose geschälte Tomaten
500 g blanchierte, grüne Bohnen

Außerdem:
Kräuterzweige zum Garnieren

1. Die Paprikawürstchen in dünne Scheiben schneiden. Das Olivenöl in einem Bräter erhitzen und die Paprikawürstchen darin rundherum Farbe nehmen lassen.

2. Die Knoblauchzehen und die Zwiebeln schälen, fein hacken, zu den Würstchen geben und kurz mitschwitzen.

3. Die Paprikaschoten halbieren, entkernen, waschen und in feine Würfel schneiden.

4. Die Peperoni abtropfen lassen und würfeln. Die Paprika- und Peperoniwürfel zu den Würstchen geben und kurz mitschwitzen.

5. Das Tomatenmark einrühren und die Gemüse- oder Fleischbrühe angießen. Das Ganze mit Salz, Pfeffer, Paprikapulver, Thymian und Rosmarin abschmecken und bei mäßiger Hitze 5–10 Minuten köcheln lassen.

6. Die geschälten Tomaten mit einer Gabel zerdrücken, mit den grünen Bohnen in den Eintopf geben und weitere 10 Minuten köcheln lassen.

7. Den Bohnentopf nochmals nachwürzen, dekorativ anrichten, mit Kräuterzweigen garnieren und mit Salzkartoffeln sofort servieren.

Gefüllte Zucchini

Für 4 Personen:

4 mittelgroße Zucchini

Für die Füllung:
200 g Doppelrahm-Frischkäse
1 Ei
2–3 EL Semmelbrösel
100 g gekochter Schinken
½ rote Paprikaschote
1 Bund Schnittlauch
Salz, Pfeffer aus der Mühle
1 Prise Cayennepfeffer
1 Prise Muskat

Außerdem:
500 ml Gemüsebrühe
500 g Kirschtomaten
½ Bund Oregano
½ Bund Basilikum
Kräuterzweige zum Garnieren

1. Die Zucchini waschen, mit einem Sparschäler der Länge nach die Haut streifenweise abschälen und die Zucchini in 4–5 cm dicke Stücke schneiden.

2. Anschließend die Zucchinistücke mit einem Kugelausstecher oder einem Teelöffel zur Hälfte aushöhlen.

3. Für die Füllung den Frischkäse mit dem Ei und den Semmelbröseln in eine Schüssel geben.

4. Den Schinken in feine Würfel schneiden. Die Paprikaschote entkernen, waschen und in feine Würfel schneiden.

5. Den Schnittlauch verlesen, waschen, fein schneiden, mit den Schinken- und Paprikawürfeln zum Frischkäse geben und alles gut miteinander verrühren.

6. Die Masse mit Salz, Pfeffer, Cayennepfeffer und Muskat kräftig abschmecken und in die Zucchinistücke füllen.

7. Die Zucchinistücke in eine Auflaufform setzen und die Gemüsebrühe angießen.

8. Die Kirschtomaten waschen, je nach Größe halbieren oder vierteln und mit den verlesenen, gewaschenen und fein geschnittenen Kräutern ebenfalls dazugeben.

9. Das Ganze in den auf 180 °C vorgeheizten Backofen schieben und etwa 35 Minuten garen. Die gefüllten Zucchini mit den Kirschtomaten und der Soße dekorativ anrichten, mit Kräuterzweigen garnieren und sofort servieren.

Gemüsepfanne mit Feta

Für 4 Personen:

800 g gekochte Kartoffeln vom Vortag
3–4 EL Sonnenblumenöl
2 Knoblauchzehen
1 rote Paprikaschote
1 kleine Stange Lauch
1 Zucchini
150 ml Gemüsebrühe
Salz, Pfeffer aus der Mühle
1 TL Paprikapulver edelsüß
1 TL Kräuter der Provence
200 g Feta-Käse

Außerdem:
1 Bund Basilikum

1. Die Kartoffeln pellen und in Scheiben schneiden.

2. Das Sonnenblumenöl in einer Pfanne erhitzen und die Kartoffeln darin braten.

3. Die Knoblauchzehen schälen und in Würfel schneiden.

4. Die Paprikaschote putzen, halbieren, entkernen, waschen und in Streifen schneiden.

5. Die Paprikastreifen mit dem Knoblauch zu den Kartoffeln geben und fünf Minuten mitbraten.

6. Den Lauch putzen, waschen, in Streifen schneiden, mit der geputzten, gewaschenen, halbierten und in Scheiben geschnittenen Zucchini dazugeben und weitere fünf Minuten braten.

7. Die Gemüsebrühe angießen und so lange köcheln lassen, bis die Flüssigkeit verdampft ist.

8. Das Ganze mit Salz, Pfeffer, Paprikapulver und Kräutern der Provence abschmecken.

9. Zum Schluss den in Würfel geschnittenen Feta untermischen, erhitzen, dekorativ anrichten, mit Basilikumblättchen belegen und sofort servieren.

Knoblauchtomaten

Für 4 Personen:

12 große Tomaten, 50 ml Olivenöl
6 Knoblauchzehen
einige Zweige Salbei, Oregano und Basilikum
Salz, Pfeffer aus der Mühle
Zucker, Cayennepfeffer

Außerdem:
Kräuterzweige zum Garnieren

1. Die Tomaten waschen, den Strunk herausschneiden und die Tomaten halbieren.

2. Das Olivenöl in einer großen Auflaufform verteilen und die Tomaten mit der Schnittfläche nach unten einsetzen.

3. Den Knoblauch schälen, in dünne Scheiben schneiden und zu den Tomaten geben.

4. Die verlesenen, gewaschenen und gut abgetropften Kräuter zerpflücken und ebenfalls dazugeben.

5. Das Ganze mit Salz, Pfeffer, Zucker und Cayennepfeffer würzen.

6. Die Knoblauchtomaten in dem auf 180 °C vorgeheizten Backofen 15–20 Minuten schmoren.

7. Nach Ende der Garzeit die Knoblauchtomaten herausnehmen, dekorativ anrichten, mit Kräuterzweigen garnieren und mit in Olivenöl geröstetem Weißbrot sofort servieren.

Geschmorter Fenchel

(ohne Abbildung)

Für 4 Personen:

1,2 kg Fenchel
50 g Butter
1 Zwiebel
2–3 Knoblauchzehen
100 ml Weißwein
300 ml Gemüsebrühe
1 EL Kräuter der Provence
1 Dose geschälte Tomaten
1 TL Kümmel
Salz, Pfeffer aus der Mühle
50 g gemischte, frische Kräuter (Fenchelgrün, Petersilie, Kerbel)

1. Den Fenchel putzen, halbieren, den Strunk herausschneiden, nach Bedarf die Fenchelhälften halbieren oder vierteln.

2. Die Butter in einem Schmortopf erhitzen. Die Zwiebel und die Knoblauchzehen schälen, fein würfeln, ins Fett geben und glasig schwitzen.

3. Die Fenchelstücke in die Knoblauchbutter legen. Den Weißwein und die Gemüsebrühe angießen.

4. Mit Kräutern der Provence bestreuen und im auf 180–200 °C

vorgeheizten Backofen zugedeckt 10–12 Minuten schmoren.

5. In der Zwischenzeit die geschälten Tomaten hacken, mit Kümmel, Salz und Pfeffer kräftig würzen.

6. Die Tomaten gleichmäßig über dem Fenchel verteilen und diesen erneut 8–10 Minuten schmoren.

7. Nach Ende der Garzeit den geschmorten Fenchel mit Salz und Pfeffer nachwürzen, mit den verlesenen, gewaschenen und fein geschnittenen Kräutern bestreuen, dekorativ anrichten, garnieren und sofort servieren.

Pfannkuchen mit Champignons

Für 4 Personen:

Für die Pfannkuchen:
250 ml Milch, 4 Eier
150 g Mehl
je ½ Bund Petersilie, Schnittlauch und Kerbel
Salz, Pfeffer aus der Mühle
1 Prise Muskat
2–3 Schalotten
150 g durchwachsener, geräucherter Speck
Butter zum Ausbacken

Für die Füllung:
1 Zweig Thymian
400 g frische Champignons
2–3 EL Butter
250 ml süße Sahne
einige Tropfen Zitronensaft

Außerdem:
Kräuterzweige zum Garnieren

1. Die Milch mit den Eiern und dem gesiebten Mehl in einer Schüssel zu einem glatten Teig verrühren.

2. Die Kräuter verlesen, waschen, fein schneiden und unter den Teig rühren. Mit Salz, Pfeffer und Muskat würzen.

3. Die Schalotten schälen und fein würfeln. Den Speck in feine Würfel schneiden.

4. Etwas Butter in einer Pfanne erhitzen. Einige Speck- und Schalottenwürfel dazugeben und glasig schwitzen.

5. Portionsweise den Teig hinzufügen und dünne Pfannkuchen ausbacken. Die Pfannkuchen aus der Pfanne nehmen und warm stellen.

6. Den Thymian verlesen, waschen und fein schneiden. Die Champignons putzen und in mundgerechte Stücke schneiden.

7. Etwas Butter in einer Pfanne erhitzen. Restliche Speck- und Schalottenwürfel hinzufügen und unter ständigem Rühren glasig schwitzen.

8. Den Thymian und die Pilze dazugeben und das Ganze bei mäßiger Hitze 4–5 Minuten dünsten.

9. Die Sahne angießen und einmal kräftig aufkochen lassen. Mit Salz, Pfeffer, Muskat und Zitronensaft abschmecken.

10. Die Pfannkuchen mit den Pilzen dekorativ anrichten, mit Kräuterzweigen garnieren und mit einem gemischten Salat sofort servieren.

Gefüllte Sellerieschnitzel

Für 4 Personen:

1 große Knolle Sellerie (800–1000 g)
Salzwasser oder Gemüsebrühe zum Garen
Salz, Pfeffer aus der Mühle
8 Scheiben gekochter Schinken
8 Scheiben Butterkäse
Mehl zum Wenden, 3 Eier
Semmelbrösel zum Panieren

Außerdem:
Butterschmalz zum Braten
Kräuterzweige zum Garnieren

1. Den Sellerie schälen und in 1 cm dicke Scheiben schneiden. Salzwasser oder Gemüsebrühe in einem Topf zum Kochen bringen.

2. Die Selleriescheiben darin bissfest garen, herausnehmen, gut abtropfen lassen, mit Salz und Pfeffer würzen.

3. Die Hälfte der Selleriescheiben mit Schinken belegen, mit Käsescheiben abdecken und die restlichen Selleriescheiben darauflegen.

4. Die Sellerieschnitzel in Mehl wenden. Die Eier verschlagen, die Sellerieschnitzel durchziehen und in Semmelbröseln panieren.

5. Butterschmalz in einer beschichteten Pfanne erhitzen und die Schnitzel darin auf beiden Seiten goldgelb ausbacken.

6. Die Sellerieschnitzel auf Tellern dekorativ anrichten, mit Kräuterzweigen garnieren und mit einem bunten Salat mit Kräutervinaigrette sofort servieren.

Hackfleischspiesse

(ohne Abbildung)

Für 4 Personen:

600 g Lammhack, 50 g Magerjoghurt, 3 TL Garam Masala
2 Knoblauchzehen, 1 Stück Ingwerwurzel, ½ TL Kardamompulver, 1 Msp. Nelkenpulver
2 Zweige Minze
2–3 EL Butterschmalz
2 Zwiebeln, 1 EL Zucker
1 EL Essig, Saft von 1 Limone
Limonenecken zum Garnieren

1. Das Lammhack mit dem Joghurt in eine Schüssel geben.

2. Das Garam Masala mit den geschälten, gehackten Knoblauchzehen und der geschälten, fein geriebenen Ingwerwurzel auf eine Arbeitsfläche geben.

3. Den Kardamom, das Nelkenpulver und die verlesene, gewaschene und fein gehackte Minze hinzufügen und alles mit dem Messerrücken zu einer Paste zerreiben.

4. Die Gewürzmischung zum Lammhack geben und alles gut vermischen.

5. Aus der Masse Klößchen formen, diese auf Spieße stecken, mit dem zerlassenen Butterschmalz bestreichen und im auf 180–200 °C vorgeheizten Backofen 15–20 Minuten braten.

6. Die Zwiebeln schälen, in hauchdünne Ringe schneiden und in eine Schüssel geben. Mit Zucker bestreuen, mit Essig und Limonensaft beträufeln und verkneten.

7. Die Lammspieße dekorativ anrichten, mit Limonenecken garnieren und mit dem Zwiebelgemüse sofort servieren.

Pfannkuchen mit Pilzragout

Für 4 Personen:

Für die Pfannkuchen:
125 g Mehl
3 Eier
250 ml Milch
Salz, Pfeffer aus der Mühle
1 Prise Muskat
Butterschmalz zum Ausbacken

Für das Ragout:
1 Zwiebel, 2 Knoblauchzehen
400 g frische Champignons
Saft von 1 Zitrone
2 Tomaten
100 ml Gemüsebrühe
200 ml süße Sahne
heller Soßenbinder
1 Bund Schnittlauch

Außerdem:
Kräuterzweige zum Garnieren

1. Das gesiebte Mehl mit den Eiern und der Milch in eine Schüssel geben und mit dem Schneebesen zu einem glatten Teig verrühren. Das Ganze mit Salz, Pfeffer und Muskat würzen.

2. Das Butterschmalz in einer Pfanne erhitzen, portionsweise Pfannkuchen ausbacken, herausnehmen und warm stellen.

3. Die Zwiebel und die Knoblauchzehen schälen, fein würfeln, ins verbliebene Butterschmalz geben und anschwitzen.

4. Die Champignons putzen, waschen, in feine Scheiben schneiden, mit Zitronensaft beträufeln, zu den Knoblauchzwiebeln geben und kurz mitschwitzen.

5. Die Tomaten waschen, vom Strunk befreien, in Würfel schneiden, zu den Champignons geben und kurz mitschwitzen.

6. Die Gemüsebrühe und die Sahne angießen, zum Kochen bringen und fünf Minuten köcheln lassen.

7. Das Ragout mit etwas hellem Soßenbinder leicht binden und mit Salz, Pfeffer, Muskat und Zitronensaft abschmecken.

8. Den verlesenen, gewaschenen und fein geschnittenen Schnittlauch untermischen.

9. Die Pfannkuchen mit dem Champignonragout auf heißen Tellern dekorativ anrichten, mit Kräuterzweigen garnieren und sofort servieren.

RATATOUILLE

Für 4 Personen:

3–4 EL Olivenöl
1 Zwiebel
3–4 Knoblauchzehen
1 rote Paprikaschote
1 Aubergine
1 Zucchini
2–3 Tomaten
2–3 EL Tomatenmark
100 ml Rotwein
400 ml passierte Tomaten
Salz, Pfeffer aus der Mühle
1 Prise Cayennepfeffer
1 TL gerebelter Oregano
1 TL gerebeltes Basilikum
1 Bund Basilikum
frisch geriebener Parmesankäse

1. Das Olivenöl in einer Pfanne erhitzen. Die Zwiebel und die Knoblauchzehen schälen, fein würfeln, ins Fett geben und glasig schwitzen.

2. Die Paprikaschote putzen, halbieren, entkernen, waschen und in mundgerechte Würfel schneiden. Die Aubergine putzen, waschen, in Würfel schneiden, beides zu den Knoblauchzwiebeln geben und kurz mitbraten.

3. Die Zucchini putzen, waschen und würfeln. Mit den enthäuteten, entkernten und in Würfel geschnittenen Tomaten zum Gemüse geben und 6–8 Minuten dünsten.

4. Das Tomatenmark einrühren, den Rotwein und die passierten Tomaten angießen, mit Salz, Pfeffer, Cayennepfeffer, Oregano und Basilikum kräftig abschmecken und das Gemüse bei mäßiger Hitze bissfest garen.

5. Das Ratatouille dekorativ anrichten, mit Basilikumblättchen belegen, mit frisch geriebenem Parmesankäse bestreuen, garnieren und mit Baguette sofort servieren.

BIERKUTSCHERPFANNE

(ohne Abbildung)

Für 4 Personen:

400 g Kartoffeln, 400 g Karotten
1 Zwiebel, 2 Knoblauchzehen
1 EL Butterschmalz
500 g Nürnberger Rostbratwürstchen, 1 große Stange Lauch
Salz, Pfeffer aus der Mühle
1 EL gerebelter Majoran
1 EL Kümmel
1 Bund Petersilie

1. Die Kartoffeln und die Karotten schälen, waschen und grob raspeln. Die Zwiebel und die Knoblauchzehen schälen und fein würfeln.

2. Das Butterschmalz in einer großen Pfanne erhitzen, die Bratwürstchen darin braten, herausnehmen und warm stellen.

3. Das Gemüse ins verbliebene Bratfett geben und unter ständigem Rühren braten.

4. Den Lauch putzen, waschen, klein schneiden, hinzufügen und mitbraten. Mit Salz, Pfeffer, Majoran und Kümmel kräftig würzen. Die Rostbratwürstchen dazugeben und erhitzen.

5. Die Bierkutscherpfanne dekorativ anrichten, mit der verlesenen, gewaschenen und fein gehackten Petersilie bestreuen und sofort servieren.

Indisches Gemüsecurry

Für 4 Personen:

2 Karotten
400 g Blumenkohl
200 g Brokkoliröschen
1 Chilischote
1 Mango
3–4 EL Sesamöl
1 Zwiebel
2 Knoblauchzehen
1–2 EL Curry
1 TL Fünfgewürzpulver
1 Msp. Kreuzkümmelpulver
250 ml Kokosmilch
125 ml Gemüsebrühe
125 ml süße Sahne
Speisestärke zum Binden
Salz, Pfeffer aus der Mühle
4 EL Pflaumensoße

1. Die Karotten schälen und in Scheiben oder Würfel schneiden. Den Blumenkohl putzen, waschen, in Röschen zerpflücken und je nach Bedarf klein schneiden. Die Brokkoliröschen waschen und ebenfalls klein schneiden.

2. Die Chilischote halbieren, entkernen, waschen und in feine Würfel schneiden. Die Mango dünn schälen, das Fruchtfleisch vom Kern schneiden und würfeln.

3. Das Sesamöl im Wok erhitzen. Die Zwiebel und die Knoblauchzehen schälen, fein würfeln, dazugeben und braten.

4. Die Karotten, den Blumenkohl und die Brokkoliröschen sowie die Chilischote hinzufügen und pfannenrühren. Zum Schluss die Mangowürfel dazugeben und bei mäßiger Hitze mitdünsten.

5. Das Gemüse mit Curry und Fünfgewürzpulver bestreuen und mit Kreuzkümmel abrunden.

6. Die Kokosmilch, die Gemüsebrühe und die Sahne angießen, das Ganze bei mäßiger Hitze 6–8 Minuten köcheln lassen und anschließend mit etwas angerührter Speisestärke leicht binden.

7. Das Gemüsecurry salzen und pfeffern, mit Pflaumensoße abrunden, dekorativ anrichten, garnieren und mit einer Langkorn-Wildreismischung sofort servieren.

Gefüllte Tomaten mit Hackfleisch

Für 4 Personen:

8 feste große Tomaten
Salz
1 Zwiebel
2 Knoblauchzehen
1 TL Butter
500 g Rinderhackfleisch
1 EL Tomatenmark
30 g geriebener Parmesankäse
½ Bund Petersilie
Pfeffer aus der Mühle
1 Prise Cayennepfeffer
200 ml Gemüse- oder Fleischbrühe

Außerdem:
gebratene Zwiebelringe und Rucola zum Garnieren

1. Die Tomaten waschen, einen Deckel abschneiden, das Kerngehäuse mit einem Löffel herausschaben und die Tomaten innen leicht salzen.

2. Die Zwiebel und die Knoblauchzehen schälen und fein würfeln. Die Butter in einer beschichteten Pfanne erhitzen, die Zwiebel- und Knoblauchwürfel hinzufügen und darin glasig anschwitzen.

3. Das Rinderhackfleisch in eine Schüssel geben. Die Knoblauchzwiebeln hinzufügen.

4. Das Tomatenmark, den Parmesankäse, die verlesene, gewaschene und fein gehackte Petersilie dazugeben.

5. Mit Salz, Pfeffer und Cayennepfeffer kräftig würzen und alles zu einer glatten Masse verarbeiten.

6. Die Hackfleischmasse in die Tomaten füllen. Die Tomaten in eine Auflaufform setzen. Die Gemüse- oder Fleischbrühe angießen.

7. Die gefüllten Tomaten in dem auf 180 °C vorgeheizten Backofen etwa 25 Minuten backen.

8. Nach Ende der Garzeit die gefüllten Tomaten aus dem Ofen nehmen, dekorativ anrichten, mit gebratenen Zwiebelringen und Rucola garnieren und mit Zuckerschoten und Baguette sofort servieren.

Gefüllte Zwiebeln

Für 4 Personen:

8 mittelgroße weiße Zwiebeln
Salzwasser oder Gemüsebrühe zum Garen
250 g Graubrot
100 g gekochter Schinken
1 EL Olivenöl
2 Knoblauchzehen
1 Zweig Rosmarin
2–3 EL weißer Balsamicoessig
Salz, Pfeffer aus der Mühle
1 Prise Cayennepfeffer

Für die Soße:
1–2 rote Paprikaschoten
1 EL Olivenöl
2–3 EL Paprikamark
1 große Dose Pizzatomaten

Außerdem:
1 Bund Petersilie

1. Die Zwiebeln schälen und in kochendem Salzwasser oder Gemüsebrühe 8–10 Minuten garen.

2. Die Zwiebeln herausnehmen, gut abtropfen lassen, eine Haube abschneiden und das Innere mit einem Teelöffel herauslösen.

3. Das ausgekratzte Zwiebelfruchtfleisch in feine, das Graubrot in mittelgroße und den Schinken in feine Würfel schneiden.

4. Das Olivenöl in einer Pfanne erhitzen und die geschälten und gehackten Knoblauchzehen darin anbraten. Die Zwiebeln, das Graubrot und den Schinken dazugeben und kurz dünsten.

5. Den Rosmarin verlesen, waschen, fein schneiden und untermischen. Mit Balsamicoessig, Salz, Pfeffer und Cayennepfeffer abschmecken.

6. Die ausgehöhlten Zwiebeln in eine Auflaufform setzen und die Brotmasse in die Zwiebeln füllen.

7. Die Paprikaschoten halbieren, entkernen, waschen, in feine Würfel schneiden und im erhitzten Olivenöl anschwitzen. Das Paprikamark einrühren.

8. Die Pizzatomaten angießen, abschmecken, die Soße zu den Zwiebeln geben und das Ganze im auf 180–200 °C vorgeheizten Backofen 20–25 Minuten garen.

9. Nach Ende der Garzeit die gefüllten Zwiebeln herausnehmen, mit der Soße dekorativ anrichten, mit frisch gehackter Petersilie bestreuen, garnieren und sofort servieren.

Zwiebelkartoffeln mit Würsteln

Für 4 Personen:

1 kg festkochende Kartoffeln
Salzwasser
5–6 EL Butterschmalz
Salz, Pfeffer aus der Mühle
1 Prise Muskat
Kümmel, Majoran oder Oregano nach Geschmack
400 g Zwiebeln
1–2 EL Butterschmalz
1 Packung Nürnberger Rostbratwürstchen (240 g)
1 Bund glatte Petersilie
1 Prise Cayennepfeffer

Außerdem:
Petersilie zum Garnieren

1. Die Kartoffeln unter fließendem Wasser abbürsten. Mit dem Salzwasser in einen Topf geben, die Kartoffeln zugedeckt zum Kochen bringen und in 18–20 Minuten garen.

2. Die Kartoffeln abgießen, abkühlen lassen, pellen und in Scheiben schneiden.

3. Das Butterschmalz in einer Pfanne erhitzen und die Kartoffelscheiben darin goldgelb rösten.

4. Mit Salz, Pfeffer und Muskat würzen. Je nach Geschmack mit Kümmel, Majoran oder Oregano verfeinern.

5. Die Zwiebeln schälen und in Scheiben schneiden. Das Butterschmalz in einer zweiten Pfanne erhitzen.

6. Die Bratwürstchen im Fett goldgelb braten, herausnehmen und warm stellen.

7. Die Zwiebeln ins verbliebene Bratfett geben und goldgelb rösten.

8. Die Petersilie verlesen, waschen und klein schneiden. Mit den Zwiebeln und den Bratwürstchen unter die Bratkartoffeln heben und kurz mitbraten.

9. Die Zwiebelkartoffeln mit Salz, Pfeffer und Cayennepfeffer kräftig abschmecken, dekorativ anrichten, mit Petersilie garnieren und sofort servieren.

Eier auf Buttergemüse

Für 4 Personen:

2 kleine Kohlrabi, 500 g Karotten
1 Bund Frühlingszwiebeln
300 g Blumenkohlröschen
200 g grüne Bohnen (TK-Produkt)
Gemüsebrühe zum Garen
100 g Butter, 200 ml Brühe
Salz, Pfeffer aus der Mühle
Muskat, Zucker, 1 Bund Petersilie
12 Eier, Essigwasser zum Pochieren

1. Die Kohlrabi und die Karotten schälen. Die Frühlingszwiebeln waschen und die Enden abschneiden.

2. Die Blumenkohlröschen, die aufgetauten Bohnen und das klein geschnittene Gemüse sortenweise in der Gemüsebrühe bissfest garen, herausnehmen, abtropfen lassen und 200 ml Brühe auffangen.

3. Die Butter in einer Pfanne erhitzen, das Gemüse dazugeben, durchschwenken und mit der Brühe aufgießen.

4. Mit Salz, Pfeffer, Muskat und Zucker abschmecken. Die Petersilie verlesen, waschen, fein hacken und hinzufügen.

5. Essigwasser in einem Topf zum Kochen bringen. Die Eier einzeln in eine Kelle schlagen, vorsichtig in das Essigwasser gleiten lassen und 8–10 Minuten wachsweich pochieren, dabei darf das Wasser nicht kochen.

6. Das Buttergemüse auf Tellern dekorativ verteilen, die Eier daraufsetzen und sofort servieren.

Tomatencurry

(ohne Abbildung)

Für 4 Personen:

1 kg Tomaten, 100 g Schalotten
2 Knoblauchzehen
1 EL Butterschmalz, 1 Stück Ingwerwurzel, je 1 TL Kreuzkümmel- und Korianderpulver
1 getrocknete rote Chilischote
2 EL Sesamöl, 750 ml Tomatensaft
Salz, Pfeffer aus der Mühle, Zucker

Außerdem:
6 hart gekochte Eier
1 Bund Petersilie

1. Die Tomaten waschen und den Strunk herausschneiden. Die Tomaten mit einem scharfen Messer über Kreuz einschneiden, kurz in kochendes Wasser geben, abschrecken, enthäuten und bereitstellen.

2. Schalotten und Knoblauch schälen und fein würfeln. Das Butterschmalz in einem Wok erhitzen und die Schalotten- und Knoblauchwürfel darin kurz anschwitzen.

3. Den Ingwer schälen, fein reiben, zu den Knoblauchschalotten geben und kurz mitschwitzen.

4. Das Kreuzkümmelpulver, das Korianderpulver, die fein gehackte getrocknete Chilischote und das Sesamöl miteinander verrühren und unter die Knoblauchschalotten rühren.

5. Den Tomatensaft angießen, zum Kochen bringen, mit Salz, Pfeffer und Zucker würzen und etwa 15 Minuten bei mäßiger Hitze köcheln lassen.

6. Die Eier pellen, vierteln oder achteln und mit den geschälten Tomaten in die Soße geben. Weitere 10 Minuten köcheln lassen und nochmals nachwürzen.

7. Das Tomatencurry dekorativ anrichten, mit der verlesenen, gewaschenen und fein gehackten Petersilie bestreuen und mit scharfen gebratenen Chilikartoffeln sofort servieren.

Gefüllte Zwiebel-Auberginen

Für 4 Personen:

4 kleine Auberginen
Saft von 2 Zitronen
Salz, Pfeffer aus der Mühle
Olivenöl zum Ausfetten und zum Braten
5 Zwiebeln
3–4 Knoblauchzehen
1 Bund Petersilie
1 TL gerebelter Oregano
1 TL Thymian
30 g Pinienkerne

Für die Soße:
2 Becher Joghurt
2–3 Knoblauchzehen
2 EL Akazienhonig

Außerdem:
Tomatenscheiben und Kräuterzweige zum Garnieren
frisch gehobelter Parmesankäse

1. Die Auberginen putzen, unter fließendem Wasser waschen und mit einem Sparschäler schälen.

2. Die Auberginen halbieren, das Fruchtfleisch mit einem Teelöffel aushöhlen, die Auberginenhälften innen mit Zitronensaft beträufeln, mit Salz und Pfeffer kräftig würzen und in eine ausgefettete Auflaufform setzen.

3. Die Zwiebeln und die Knoblauchzehen schälen und in Scheiben schneiden. Etwas Olivenöl erhitzen und die Zwiebel- und Knoblauchscheiben darin kurz braten.

4. Die verlesene, gewaschene und fein gehackte Petersilie, den Oregano, den Thymian und die Pinienkerne untermischen und die Masse in die Auberginenhälften füllen.

5. Die Auberginen mit Olivenöl beträufeln und in dem auf 180 °C vorgeheizten Backofen 30–35 Minuten garen.

6. Den Joghurt mit den geschälten und fein gehackten Knoblauchzehen und dem Akazienhonig verrühren, mit Salz und Pfeffer kräftig würzen.

7. Die gefüllten Auberginen auf den Tomatenscheiben dekorativ anrichten, mit der Joghurtsoße beträufeln, mit Kräuterzweigen garnieren und mit frisch gehobeltem Parmesankäse bestreut sofort servieren.

Garnelen mit Bambussprossen

Für 4 Personen:

500 g geschälte Garnelenschwänze (TK-Produkt)
einige Tropfen Zitronensaft
einige Tropfen Sojasoße
Salz, Pfeffer aus der Mühle
1 Zwiebel
3 Knoblauchzehen
1 grüne Chilischote
1 Stück Ingwerwurzel
1 TL Koriander
1 EL Sonnenblumenöl
½ Bund Frühlingszwiebeln
200 ml Gemüse- oder Fischbrühe
3 EL süße Chilisoße
2 EL thailändische Fischsoße
Speisestärke zum Binden
1 Glas Bambussprossen
je ½ Bund Basilikum und Koriander
Basilikum- und Korianderblätter zum Garnieren

1. Die aufgetauten Garnelenschwänze unter fließendem Wasser waschen, trocken tupfen, mit Zitronensaft und Sojasoße beträufeln, mit Salz und Pfeffer würzen und im Kühlschrank mindestens 10 Minuten ziehen lassen.

2. Zwiebel und Knoblauch schälen und fein würfeln. Die Chilischote halbieren, entkernen, waschen und in feine Würfel schneiden.

3. Die Ingwerwurzel schälen, grob raspeln, den Koriander zerdrücken und das Sonnenblumenöl in einem Wok erhitzen.

4. Die Zwiebel, den Knoblauch, Chili, Ingwer und Koriander ins Fett geben und unter ständigem Rühren braten.

5. Die Garnelenschwänze hinzufügen und mitbraten. Die Frühlingszwiebeln putzen, waschen, in Scheiben schneiden, dazugeben und ebenfalls mitbraten.

6. Die Gemüse- oder Fischbrühe angießen und zum Kochen bringen. Die Chilisoße und die thailändische Fischsoße unterrühren und das Ganze mit Zitronensaft, Sojasoße, Salz und Pfeffer kräftig würzen.

7. Die Garnelen mit etwas angerührter Speisestärke leicht binden, die gut abgetropften Bambussprossen unterheben und erhitzen.

8. Die Kräuter verlesen, waschen, fein schneiden, ebenfalls untermischen und das Ganze bei mäßiger Hitze 4–5 Minuten köcheln lassen.

9. Die Garnelen mit Bambussprossen dekorativ anrichten, mit Basilikum- und Korianderblättern garnieren und sofort servieren.

Bandnudeln mit Parmaschinken

Für 4 Personen:

Für den Teig:
500 g Mehl
5 Eier
1 TL Salz
1 Prise Muskat
2–3 EL Wasser
Mehl zum Verarbeiten
Salzwasser
einige Tropfen Olivenöl

Außerdem:
1 Zucchini
1–2 EL Butter
200 ml Gemüse- oder Fleischbrühe
2–3 EL Bärlauchpesto
200 g Parmaschinken
Salz, Pfeffer aus der Mühle
Kräuterzweige zum Garnieren

1. Das gesiebte Mehl mit den Eiern, dem Salz, dem Muskat und dem Wasser in die Rührschüssel einer Küchenmaschine geben und mit dem Knethaken 4–5 Minuten kneten.

2. Den Teig auf eine bemehlte Arbeitsfläche geben und zu einem glatten, kompakten Teig verkneten. Der Teig muss sehr fest sein.

3. Den Teig zugedeckt eine Stunde ruhen lassen. Anschließend den Teig mithilfe der Nudelmaschine ausrollen und zu Bandnudeln schneiden.

4. Die geschnittenen Nudeln auf einem mit Küchentuch abgedeckten Backblech ausbreiten und mindestens eine Stunde trocknen lassen.

5. Die Nudeln in Salzwasser mit einigen Tropfen Olivenöl bissfest garen, herausnehmen, gut abtropfen lassen und zur weiteren Verarbeitung bereitstellen. Einfacher und schneller geht es natürlich mit fertigen Nudeln, doch selbstgemachte Nudeln schmecken einfach besser.

6. Die Zucchini putzen, waschen und klein schneiden. Die Butter in einer Pfanne erhitzen und die Zucchini darin anschwitzen.

7. Die Gemüse- oder Fleischbrühe angießen, zum Kochen bringen und das Gemüse mit dem Bärlauchpesto würzen.

8. Die Bandnudeln und den in dünne Streifen geschnittenen Parmaschinken dazugeben, durchschwenken, erhitzen und mit Salz, Pfeffer und Muskat würzen.

9. Die Nudeln dekorativ anrichten, mit Kräuterzweigen garnieren und mit geschmolzenen Tomaten sofort servieren.

Linguine mit Orangen-Gemüse-Sosse

Für 4 Personen:

250 g Linguine
Salzwasser zum Garen
einige Tropfen Olivenöl

Außerdem:
2 EL Olivenöl
1 Zwiebel
je 1 rote und gelbe Paprikaschote
2 Karotten
1 kleine Stange Lauch
1 Zucchini
100 ml Weißwein
300 ml Orangensaft
1 EL geriebene Ingwerwurzel
1 EL geriebene Orangenschale
Salz, Pfeffer aus der Mühle
1 Prise Cayennepfeffer
1 Prise Muskat
50 g geriebener Pecorino-Käse
2 EL Olivenöl
2 Knoblauchzehen
2–3 Zweige Rosmarin
200 g Baumtomaten

1. Die Linguine im Salzwasser mit dem Olivenöl bissfest garen, abgießen, abschrecken und gut abtropfen lassen.

2. Das Olivenöl in einer Pfanne erhitzen. Das Gemüse entsprechend schälen oder putzen, waschen, gut abtropfen lassen, in Streifen schneiden, ins Fett geben und glasig schwitzen.

3. Den Weißwein und den Orangensaft angießen und das Ganze einmal aufkochen lassen. Mit Ingwer und Orangenschale verfeinern und 5–6 Minuten köcheln lassen.

4. Mit Salz, Pfeffer, Cayennepfeffer und Muskat kräftig würzen und die Linguine sowie den geriebenen Pecorino-Käse dazugeben, durchschwenken, erhitzen und nochmals nachwürzen.

5. Das Olivenöl in einer zweiten Pfanne erhitzen und den geschälten, gehackten Knoblauch und den gewaschenen, klein geschnittenen Rosmarin darin kurz braten.

6. Die Baumtomaten waschen und den Strunk herausschneiden. Die Tomaten halbieren, dazugeben und mitbraten, salzen und pfeffern.

7. Die Linguine mit der Gemüsesoße und den Tomaten dekorativ anrichten, garnieren und sofort servieren.

Currynudeln

Für 4 Personen:

300 g Penne rigate, Salzwasser
einige Tropfen Olivenöl
1 Bund Frühlingszwiebeln
200 g Zuckererbsenschoten
500 g Rinder- oder Schweinefilet
2 EL Olivenöl
Salz, Pfeffer aus der Mühle
1 Prise Cayennepfeffer
2 EL Curry
100 ml Weißwein
100 ml Gemüsebrühe
200 ml süße Sahne
1 EL rosa Pfefferkörner

1. Die Penne im Salzwasser mit dem Olivenöl bissfest garen, mit einem Sieb herausnehmen, abschrecken und abtropfen lassen.

2. Die Frühlingszwiebeln und die Zuckerschoten putzen, nach Bedarf klein schneiden, im Nudelwasser bissfest garen, herausnehmen und abtropfen lassen.

3. Das Filet unter fließendem Wasser waschen, trocken tupfen und in Streifen schneiden.

4. Das Olivenöl in einer Pfanne erhitzen, die Filetstreifen darin braten, mit Salz, Pfeffer und Cayennepfeffer würzen und warm stellen.

5. Die Nudeln ins verbliebene Bratfett geben und mit Curry bestäuben.

6. Den Weißwein, die Gemüsebrühe und die Sahne angießen und einmal aufkochen lassen. Mit Salz, Pfeffer und Cayennepfeffer würzen.

7. Das Gemüse und das Fleisch zu den Nudeln geben, erhitzen, abschmecken, dekorativ anrichten, mit rosa Pfefferkörnern bestreuen und sofort servieren.

Rigatoni arrabiata

(ohne Abbildung)

Für 4 Personen:

400 g Rigatoni, Salzwasser
einige Tropfen Olivenöl
2–3 EL Olivenöl, 2 Zwiebeln
2 Knoblauchzehen, ½ Chilischote
1 kg Tomaten, ½ Bund Oregano
½ Bund Basilikum
Salz, Pfeffer aus der Mühle
frisch gehobelter Parmesankäse
1 Stück Chilischote und Kräuterzweige zum Garnieren

1. Die Nudeln im Salzwasser mit dem Olivenöl bissfest garen, abgießen, abschrecken, gut abtropfen lassen und bereitstellen.

2. Das Olivenöl erhitzen. Die Zwiebeln und die Knoblauchzehen schälen, fein hacken, ins Olivenöl geben und glasig schwitzen.

3. Die Chilischote entkernen, waschen, fein würfeln, zu den Knoblauchzwiebeln geben und kurz mitschwitzen.

4. Die Tomaten enthäuten, entkernen, klein schneiden, ebenfalls hinzufügen und kurz mitschwitzen. Bei mäßiger Hitze fünf Minuten dünsten.

5. Den Oregano und das Basilikum verlesen, waschen, klein schneiden und untermischen. Das Ganze vom Herd nehmen und im Mixer oder mit dem Pürierstab pürieren.

6. Die Rigatoni mit der Soße in eine Pfanne geben, kurz durchschwenken und mit Salz und Pfeffer abrunden. Dekorativ anrichten, mit frisch gehobeltem Parmesankäse bestreuen, mit der in Ringe geschnittenen Chilischote und Kräuterzweigen garnieren und sofort servieren.

Penne mit Hackfleisch

Für 4 Personen:

300 g Penne rigate, Salzwasser
einige Tropfen Olivenöl
2 EL Olivenöl, 500 g Rinderhack
2 Zwiebeln, 2 Knoblauchzehen
50 g Tomatenmark, 300 ml Gemüse- oder Fleischbrühe, 200 ml Tomatensaft, Salz, Pfeffer aus der Mühle
Zucker, Cayennepfeffer
je 1 TL gerebelter Oregano und gerebeltes Basilikum
Basilikumblättchen zum Garnieren

1. Die Nudeln im Salzwasser mit dem Olivenöl bissfest garen, abgießen, abschrecken, gut abtropfen lassen und bereitstellen.

2. Das Olivenöl in einem Topf erhitzen und das Rinderhack darin unter ständigem Rühren anbraten.

3. Die Zwiebeln und die Knoblauchzehen schälen, fein würfeln, zum Rinderhack geben und mitbraten. Das Tomatenmark einrühren und kurz rösten.

4. Die Gemüse- oder Fleischbrühe und den Tomatensaft angießen und zum Kochen bringen.

5. Die Soße mit Salz, Pfeffer, Zucker, Cayennepfeffer, Oregano und Basilikum kräftig würzen.

6. Die Soße anschließend bei mäßiger Hitze 10–15 Minuten köcheln lassen.

7. Die Nudeln mit der Soße in einer Pfanne durchschwenken, erhitzen, nochmals nachwürzen, dekorativ anrichten, mit Basilikumblättchen garnieren und sofort servieren.

Nudeln mit Räucherlachs

(ohne Abbildung)

Für 4 Personen:

300 g Spaghetti, Salzwasser
einige Tropfen Olivenöl
4 Tomaten, 2 EL Basilikumpesto
2 Knoblauchzehen, 1 Zwiebel
4–5 EL Olivenöl, Salz, Pfeffer aus der Mühle, 1 Prise Cayennepfeffer
250 g Räucherlachs, 100 g schwarze Oliven, 100 ml Weißwein, Saft von 2 Limetten, Basilikum und Limettenecken zum Garnieren

1. Die Spaghetti im Salzwasser mit dem Olivenöl bissfest garen, abgießen, abschrecken und gut abtropfen lassen.

2. Die Tomaten enthäuten, entkernen und in Würfel schneiden. Das Basilikumpesto dazugeben. Den Knoblauch und die Zwiebel schälen und fein würfeln.

3. Das Olivenöl in einer Pfanne erhitzen und den Knoblauch und die Zwiebel darin glasig schwitzen.

4. Die Tomaten mit dem Pesto einrühren und kurz durchschwenken.

5. Die Spaghetti untermischen, erhitzen, mit Salz, Pfeffer und Cayennepfeffer abschmecken.

6. Den Lachs in Stücke schneiden und mit den entsteinten Oliven zu den Spaghetti geben. Den Wein und den Limettensaft darüberträufeln, durchschwenken und abschmecken.

7. Die Spaghetti mit Räucherlachs dekorativ anrichten, mit Basilikum und Limettenecken garnieren und sofort servieren.

Nudelwok mit Gemüse

Für 4 Personen:

1 Päckchen Mie-Nudeln
Salzwasser zum Garen
einige Tropfen Sesamöl

Außerdem:
2 Karotten
200 g grüne Bohnen
2 rote Paprikaschoten
250 ml Geflügel- oder Fleischbrühe
3–4 EL Sojaöl
1 Zwiebel
2 Knoblauchzehen
1 Stück Ingwerwurzel
2–3 Frühlingszwiebeln
1 Glas Asia-Gemüsemischung mit Sprossen
75 ml helle Sojasoße
1 TL Sambal Oelek
1 TL Sambal Manis
1 EL Fünfgewürzpulver
Salz, Pfeffer aus der Mühle
Cilantro oder Blattpetersilie zum Garnieren

1. Die Mie-Nudeln im Salzwasser mit dem Sesamöl nach Packungsanweisung bissfest garen, abgießen, abschrecken und gut abtropfen lassen.

2. Die Karotten schälen, in feine Streifen schneiden, die Bohnen putzen, waschen und nach Bedarf klein schneiden.

3. Die Karottenstreifen und die Bohnen mit den halbierten, entkernten, gewaschenen und in Streifen geschnittenen Paprikaschoten in der erhitzten Geflügel- oder Fleischbrühe kurz blanchieren.

4. Das Sojaöl in einem Wok erhitzen. Die Zwiebel und die Knoblauchzehen schälen, in feine Würfel schneiden, mit dem geschälten und grob geraspelten Ingwer ins Bratfett geben und glasig schwitzen.

5. Die Frühlingszwiebeln putzen, waschen, in feine Streifen schneiden, zu den Knoblauchzwiebeln geben und kurz mitdünsten.

6. Das restliche Gemüse mit der Brühe und die Asia-Gemüsemischung mit Sprossen dazugeben, das Ganze zum Kochen bringen und 10 Minuten unter Rühren garen.

7. Die helle Sojasoße angießen, das Sambal Oelek, das Sambal Manis und das Fünfgewürzpulver unterrühren, mit Salz und Pfeffer würzen.

8. Die Nudeln zum Gemüse geben, durchschwenken, nochmals erhitzen und nachwürzen.

9. Den Nudelwok mit Gemüse dekorativ anrichten, mit Cilantro oder Blattpetersilie garnieren und sofort servieren.

Schinkennudeln

Für 4 Personen:

300 g Bandnudeln, Salzwasser
einige Tropfen Olivenöl
1 Zwiebel, 1 rote Paprikaschote
200 g gekochter, magerer Schinken
2–3 EL Butter oder Margarine
200 g grüne Erbsen (TK-Produkt)
Salz, Pfeffer aus der Mühle
1 Prise Muskat, 50 g gemischte, frische Kräuter (Estragon, Dill, Basilikum, Petersilie)
Salatblätter und Tomatenscheiben zum Garnieren

1. Die Bandnudeln im Salzwasser mit dem Olivenöl bissfest garen, abgießen, abschrecken, gut abtropfen lassen und bereitstellen.

2. Die Zwiebel schälen und in feine Würfel schneiden. Die Paprikaschote halbieren, entkernen, waschen und in Würfel schneiden, den Schinken ebenfalls würfeln.

3. Die Butter oder Margarine in einer Pfanne erhitzen, die Zwiebel- und Paprikawürfel dazugeben und darin glasig schwitzen.

4. Die Schinkenwürfel und die aufgetauten Erbsen hinzufügen und alles bei mäßiger Hitze fünf Minuten zugedeckt dünsten. Die Bandnudeln dazugeben, kurz durchschwenken und braten.

5. Die Schinkennudeln mit Salz, Pfeffer und Muskat kräftig abschmecken. Die verlesenen, gewaschenen und fein gehackten Kräuter unterheben. Die Schinkennudeln dekorativ anrichten, mit Salatblättern und Tomatenscheiben garnieren und sofort servieren.

Spaghetti carbonara

(ohne Abbildung)

Für 4 Personen:

300 g Spaghetti, Salzwasser
einige Tropfen Olivenöl
200 g durchwachsener, geräucherter Speck, 2–3 EL Olivenöl, 2 Zwiebeln
1 rote Chilischote, 200 ml süße Sahne
4 Eier, 4 EL geriebener Parmesankäse, Salz, Pfeffer aus der Mühle
1 Prise Muskat
Salatblätter, Gurkenscheiben, Zwiebelringe, Karottenstreifen und Kräuter zum Garnieren

1. Die Spaghetti im Salzwasser mit dem Olivenöl bissfest garen, abgießen, abschrecken, gut abtropfen lassen und bereitstellen.

2. Den Speck würfeln. Das Öl erhitzen und den Speck kurz anschwitzen. Die Zwiebeln schälen und in Würfel schneiden. Die Chilischote halbieren, entkernen, waschen, fein würfeln, beides zum Speck geben und kurz mitbraten.

3. Die Sahne mit den Eiern und dem geriebenen Parmesankäse in eine

Schüssel geben, kräftig verschlagen, mit Salz, Pfeffer und Muskat würzen.

4. Die Spaghetti in die Pfanne geben, durchschwenken und erhitzen.

5. Die Sahne-Ei-Käsemischung gleichmäßig über die Spaghetti verteilen und bei mäßiger Hitze unter ständigem Rühren stocken lassen.

6. Die Spaghetti carbonara mit Salz und Pfeffer nochmals nachwürzen und dekorativ anrichten.

7. Mit Salatblättern, Gurkenscheiben, Zwiebelringen, Karottenstreifen und Kräutern garnieren und sofort servieren.

Spaghetti mit Bärlauch

Für 4 Personen:

300 g Spaghetti, Salzwasser
einige Tropfen Olivenöl, 1 Bund Basilikum, 100 g Bärlauch
2–3 Knoblauchzehen, 1 Zwiebel
75 g Pinienkerne, 3 EL Aceto balsamico, 2–3 EL Akazienhonig
75 ml Olivenöl
75 g geriebener Parmesankäse
Salz, Pfeffer aus der Mühle
1 Prise Cayennepfeffer
Tomatenstückchen und Bärlauchstreifen zum Garnieren

1. Die Spaghetti im Salzwasser mit dem Olivenöl bissfest garen, abgießen, abschrecken und abtropfen lassen. Das Basilikum und den Bärlauch verlesen, waschen, gut abtropfen lassen und fein schneiden.

2. Den Knoblauch und die Zwiebel schälen und fein würfeln. Die Kräuter, den Knoblauch, die Zwiebel, die Pinienkerne, den Aceto balsamico und den Honig im Mixer oder mit dem Pürierstab pürieren. Anschließend das Ganze mit dem Öl in einer Pfanne erhitzen.

3. Die Spaghetti dazugeben, durchschwenken und den Parmesankäse untermischen. Alles mit Salz, Pfeffer und Cayennepfeffer abschmecken.

4. Die Spaghetti dekorativ auf Tellern anrichten, mit Tomatenstückchen und Bärlauchstreifen garnieren und sofort servieren.

Ricottafarfalle

(ohne Abbildung)

Für 4 Personen:

300 g Farfalle, Salzwasser
einige Tropfen Olivenöl
1–2 EL Olivenöl, 1 Zwiebel
250 ml Gemüse- oder Geflügelbrühe
250 ml süße Sahne, 200 g Ricotta
Salz, Pfeffer aus der Mühle
Muskat, Cayennepfeffer
2 EL Johannisbeergelee
1–2 EL Butter oder Margarine
1 Zwiebel, 2 Knoblauchzehen
1 TL Salz, 500 g Blattspinat
125 ml Weißwein, 1 Prise Zucker
250 g Kirschtomaten, 2–3 EL Butter
Kräuterzweige zum Garnieren

1. Die Farfalle im Salzwasser mit dem Olivenöl bissfest garen, abgießen, abschrecken und gut abtropfen lassen.

2. Für die Soße das Olivenöl in einem Topf erhitzen und die geschälte, fein gehackte Zwiebel darin glasig schwitzen.

3. Die Gemüse- oder Geflügelbrühe und die Sahne angießen und einmal aufkochen lassen. Den Ricotta dazugeben und unter ständigem Rühren schmelzen lassen.

4. Mit Salz, Pfeffer, Muskat und Cayennepfeffer kräftig abschmecken

und mit Johannisbeergelee verfeinern.

5. Für den Spinat die Butter oder Margarine in einem Topf erhitzen und die geschälte, fein gehackte Zwiebel darin glasig schwitzen.

6. Die Knoblauchzehen schälen, mit Salz zu einer Paste zerreiben, mit dem geputzten, gewaschenen, klein geschnittenen Spinat zu der Zwiebel geben und kurz dünsten.

7. Mit Weißwein ablöschen und bei mäßiger Hitze 4–5 Minuten garen. Das Ganze mit Salz, Pfeffer, Muskat und Zucker abschmecken.

8. Die Kirschtomaten waschen und den Strunk herausschneiden. Etwas Butter erhitzen und die Kirschtomaten kurz durchschwenken, mit Salz und Pfeffer würzen.

9. Die Farfalle in der Soße erhitzen und auf Tellern dekorativ anrichten. Den Spinat gleichmäßig darauf verteilen, die Tomaten darauflegen, die Farfalle mit Kräuterzweigen garnieren und sofort servieren.

Maccaronelli mit Schinkensosse

Für 4 Personen:

300 g Maccaronelli
Salzwasser zum Garen
einige Tropfen Olivenöl

Für die Soße:
1 Zwiebel
1 EL Olivenöl
200 g gekochter Schinken
300 ml Gemüse- oder Fleischbrühe
200 ml süße Sahne
Speisestärke zum Binden
250 g grüne Erbsen (TK-Produkt)
Salz, Pfeffer aus der Mühle
1 Prise Muskat
1 Prise Cayennepfeffer
einige Tropfen Zitronensaft

Außerdem:
Basilikumblättchen zum Garnieren

1. Die Maccaronelli im kochenden Salzwasser mit dem Olivenöl bissfest garen, abgießen, abschrecken, gut abtropfen lassen und bereitstellen.

2. Für die Soße die Zwiebel schälen und fein würfeln. Etwas Olivenöl in einer Pfanne erhitzen und die Zwiebelwürfel darin glasig schwitzen.

3. Den Schinken in feine Würfel oder Streifen schneiden, zu den Zwiebeln geben und kurz mitschwitzen.

4. Die Gemüse- oder Fleischbrühe und die Sahne angießen, zum Kochen bringen und mit etwas angerührter Speisestärke leicht binden.

5. Die aufgetauten grünen Erbsen dazugeben und das Ganze 3–4 Minuten köcheln lassen. Mit Salz, Pfeffer, Muskat, Cayennepfeffer und Zitronensaft kräftig abschmecken.

6. Die Maccaronelli dazugeben, durchschwenken, erhitzen, nochmals nachwürzen, auf Tellern dekorativ anrichten, mit Basilikumblättchen garnieren und sofort servieren.

Tomatennudeln mit Frischkäsesosse

Für 4 Personen:

300 g Eiernudeln (Spirelli)
Salzwasser zum Garen
einige Tropfen Olivenöl

Für die Soße:
100 g Schalotten
2 Knoblauchzehen
2 EL Butter
500 g Kirschtomaten
300 ml Gemüsebrühe
200 g Doppelrahm-Frischkäse
2 Bund Schnittlauch
Salz, Pfeffer aus der Mühle
1 Prise Muskat
1 Prise Zucker
1 Prise Cayennepfeffer

Außerdem:
Kerbelblättchen zum Garnieren

1. Die Eiernudeln im Salzwasser mit dem Olivenöl bissfest garen, abgießen, abschrecken, gut abtropfen lassen und bereitstellen.

2. Die Schalotten und die Knoblauchzehen schälen und fein würfeln. Die Butter in einer Pfanne erhitzen, die Schalotten und den Knoblauch darin anschwitzen.

3. Die Kirschtomaten waschen, vom Strunk befreien, halbieren, zu den Knoblauchschalotten geben und kurz mitbraten.

4. Die Gemüsebrühe angießen und zum Kochen bringen. Den Doppelrahm-Frischkäse und den verlesenen, gewaschenen und fein geschnittenen Schnittlauch unter die Soße rühren.

5. Die Soße mit Salz, Pfeffer, Muskat, Zucker und Cayennepfeffer kräftig abschmecken. Die Nudeln dazugeben, durchschwenken, erhitzen und nochmals nachwürzen.

6. Die Tomatennudeln mit Frischkäsesoße dekorativ anrichten, mit Kerbelblättchen garnieren und sofort servieren.

Makkaroni griechische Art

Für 4 Personen:

300 g Makkaroni, Salzwasser
einige Tropfen Olivenöl, 2 EL Olivenöl, 2 Zwiebeln, 2 Knoblauchzehen, 1 Bund Frühlingszwiebeln
200 ml Weißwein
200 ml Gemüsebrühe, 4 Tomaten
Salz, Pfeffer aus der Mühle
1 Prise Cayennepfeffer
1 EL Paprikapulver edelsüß
200 g Feta-Käse
100 g grüne Oliven
Basilikumblättchen zum Garnieren

1. Die Makkaroni im Salzwasser mit dem Olivenöl bissfest garen, abgießen, abschrecken und gut abtropfen lassen.

2. Das Olivenöl in einer Pfanne erhitzen. Die Zwiebeln und die Knoblauchzehen schälen, fein würfeln, ins Fett geben und glasig schwitzen.

3. Die Frühlingszwiebeln putzen und in Scheiben schneiden. Zu den Knoblauchzwiebeln geben und kurz mitschwitzen. Den Weißwein und die Gemüsebrühe angießen und das Ganze 4–5 Minuten köcheln lassen.

4. Die Makkaroni, die enthäuteten, entkernten und in Stücke geschnittenen Tomaten dazugeben, durchschwenken, erhitzen, mit Salz, Pfeffer, Cayennepfeffer und Paprikapulver würzen.

5. Den Feta-Käse in Würfel schneiden, mit den Oliven zu den Nudeln geben und kurz erhitzen. Die Makkaroni dekorativ anrichten, mit Basilikumblättchen garnieren und sofort servieren.

Makkaroni mit Tomaten

(ohne Abbildung)

Für 4 Personen:

300 g Makkaroni, Salzwasser
einige Tropfen Olivenöl
1 Zwiebel
1–2 EL Olivenöl
1 Dose Pizzatomaten (400 g)
100 ml Rotwein
250 g Ricotta
Salz, Pfeffer aus der Mühle
1 Prise Cayennepfeffer
50 g frisch geriebener Parmesankäse
Basilikum zum Garnieren

1. Die Makkaroni im Salzwasser mit dem Olivenöl bissfest garen, abgießen, abschrecken und gut abtropfen lassen.

2. Die Zwiebel schälen und fein würfeln.

3. Das Olivenöl in einer Pfanne erhitzen und die Zwiebelwürfel darin glasig schwitzen.

4. Die Pizzatomaten und den Rotwein dazugeben und kurz durchschwenken.

5. Den Ricotta untermischen und schmelzen lassen. Die Makkaroni hinzufügen und erhitzen.

6. Die Nudeln mit Salz, Pfeffer und Cayennepfeffer abschmecken, dekorativ anrichten und mit frisch geriebenem Parmesankäse bestreuen. Mit Basilikum garnieren und sofort servieren.

Hackfleisch-Reis-Pfanne

Für 4 Personen:

200 g Langkornreis
Salzwasser zum Garen
300 g grüne Bohnen
2 Zwiebeln, 2 Knoblauchzehen
2 EL Olivenöl, 600 g Rinderhack
1 EL Paprikapulver edelsüß
Salz, Pfeffer aus der Mühle
Cayennepfeffer, 4 Tomaten
1 Bund glatte Petersilie

1. Den Reis im Salzwasser 20 Minuten bissfest garen. Die Bohnen putzen, waschen, im Reiswasser bissfest garen, herausnehmen und abtropfen lassen. Die Zwiebeln und die Knoblauchzehen schälen und fein würfeln.

2. Das Olivenöl in einer Pfanne erhitzen und das Rinderhack darin unter ständigem Rühren ca. sechs Minuten braten.

3. Zwiebeln und Knoblauch dazugeben und mitbraten. Mit Paprikapulver bestäuben, mit Salz, Pfeffer und Cayennepfeffer kräftig würzen.

4. Die Tomaten enthäuten, entkernen, in Würfel schneiden, zum Fleisch geben und das Ganze bei mäßiger Hitze ca. acht Minuten dünsten.

5. Den Reis und die Bohnen untermischen und erhitzen. Nachwürzen, dekorativ anrichten, mit Petersilie garnieren und sofort servieren.

Reispfanne mit Curry

(ohne Abbildung)

Für 4 Personen:

350 g Langkornreis
Salzwasser oder Gemüsebrühe zum Garen
2 Karotten, 200 g Brokkoliröschen
1 Zucchini
2 EL Erdnussöl, Saft von 2 Zitronen
1 EL Curry, 1 TL Kurkuma
1 TL gemahlener Koriander
1 TL Cayennepfeffer
1 EL brauner Zucker
200 g geschälte Krabben oder Crevettenschwänze
Salz, Pfeffer aus der Mühle
½ Bund Koriandergrün

1. Den Langkornreis im Salzwasser oder in der Gemüsebrühe bissfest garen, abgießen, abschrecken und gut abtropfen lassen.

2. Die Karotten schälen und in Stifte schneiden. Die Brokkoliröschen verlesen, waschen, abtropfen lassen und in mundgerechte Stücke schneiden. Die Zucchini putzen, waschen und in Stücke schneiden.

3. Das Gemüse in Gemüsebrühe bissfest garen, herausnehmen, abschrecken und gut abtropfen lassen.

4. Das Erdnussöl in einer großen Pfanne erhitzen, den Reis und das

Gemüse dazugeben, durchschwenken und erhitzen.

5. Den Zitronensaft mit dem Curry, dem Kurkuma, dem Koriander, dem Cayennepfeffer und dem braunen Zucker so lange verrühren, bis sich der Zucker vollständig aufgelöst hat.

6. Die Gewürzmischung in die Reispfanne geben und kräftig durchschwenken. Die Krabben oder Crevettenschwänze dazugeben und erhitzen. Mit Salz und Pfeffer abschmecken, auf heißen Tellern anrichten, mit Koriandergrün garnieren und sofort servieren.

Serbisches Reisfleisch

Für 4 Personen:

3 Zwiebeln
2 Knoblauchzehen
je 1 rote und grüne Paprikaschote
3 EL Olivenöl
500 g kalter Braten
1 Bund Frühlingszwiebeln
1 EL Paprikapulver edelsüß
1 TL Paprikapulver rosenscharf
200 ml Gemüse- oder Fleischbrühe
800 g bissfest gegarter Reis
Salz, Pfeffer aus der Mühle
1 Prise Cayennepfeffer
glatte Petersilie zum Garnieren

1. Die Zwiebeln und die Knoblauchzehen schälen und fein würfeln. Die Paprikaschoten halbieren, entkernen, waschen, abtropfen lassen und in Würfel schneiden.

2. Das Olivenöl in einer Pfanne erhitzen. Die Zwiebeln, den Knoblauch und die Paprikawürfel darin glasig schwitzen.

3. Den kalten Braten in Würfel schneiden. Die Frühlingszwiebeln putzen, waschen, in Stücke schneiden, alles zum Gemüse geben und kurz braten.

4. Mit Paprikapulver bestreuen, die Brühe angießen und das Ganze bei mäßiger Hitze 8–10 Minuten köcheln lassen.

5. Den Reis untermischen, durchschwenken, erhitzen, mit Salz, Pfeffer und Cayennepfeffer würzen.

6. Das serbische Reisfleisch dekorativ anrichten, mit Petersilie garnieren und sofort servieren.

Bratwurst-Paella

(ohne Abbildung)

Für 4 Personen:

300 g Reis, Salzwasser zum Garen
1–2 EL Butterschmalz
500 g rohe Bratwürste
1 Zwiebel, 4 Schalotten
je 1 kleine rote, gelbe und grüne Paprikaschote
250 ml Gemüse- oder Fleischbrühe
1 EL Curry, 1 Msp. Safran
Salz, Pfeffer aus der Mühle
1 Prise Cayennepfeffer
100 g grüne Erbsen (TK-Produkt)
Kräuterzweige zum Garnieren

1. Den Reis unter fließendem Wasser waschen und in kochendem Salzwasser 18–20 Minuten bissfest garen, abgießen und gut abtropfen lassen.

2. Das Butterschmalz erhitzen. Die in Scheiben geschnittenen Bratwürste darin Farbe nehmen lassen.

3. Die Zwiebel und die Schalotten schälen, fein würfeln, mit den halbierten, entkernten, gewaschenen, in Würfel oder Streifen geschnittenen Paprikaschoten zu den Bratwürsten geben und kurz mitbraten.

4. Die Gemüse- oder Fleischbrühe angießen und alles bei mäßiger Hitze 6–8 Minuten köcheln lassen.

5. Den Reis mit dem Curry und dem Safran einrühren und erhitzen. Mit Salz, Pfeffer und Cayennepfeffer würzen.

6. Die grünen Erbsen untermischen und die Bratwurst-Paella fertig garen. Die Bratwurst-Paella nachwürzen, dekorativ anrichten, mit Kräuterzweigen garnieren und sofort servieren.

Ingwerfleisch auf Duftreis

Für 4 Personen:

12 kleine Filetscheiben à 60 g
Salz, Pfeffer aus der Mühle
1 Eiweiß, 75 ml Sojasoße
2 EL Speisestärke, 300 g Duftreis
Salzwasser zum Garen

Für die Soße:
1–2 EL Sesamöl
1 Stück Ingwerwurzel
1 Zwiebel, 2 Knoblauchzehen
1 gelbe Paprikaschote
1 EL Curry, 125 ml Weißwein
325 ml Kokosmilch
1–2 EL Hoisinsoße, 1–2 EL Sojasoße
2 Pfirsichhälften, 1 rote Chilischote

Außerdem:
Fett zum Braten
Kräuterzweige zum Garnieren

1. Die Filetscheiben unter fließendem Wasser waschen, trocken tupfen, leicht klopfen, mit Salz und Pfeffer würzen.

2. Das Eiweiß mit der Sojasoße und der Speisestärke verschlagen und das Fleisch darin wenden. Im Kühlschrank ½ Stunde marinieren.

3. Währendessen den Duftreis unter fließendem Wasser waschen und gut abtropfen lassen. Salzwasser in einem Topf erhitzen und den Reis darin in 18–20 Minuten garen.

4. Für die Soße das Sesamöl in einer Pfanne erhitzen. Die geschälte Ingwerwurzel fein hacken, ins Fett geben und glasig schwitzen.

5. Die Zwiebel und die Knoblauchzehen schälen, fein würfeln, ins Ingweröl geben und kurz mitschwitzen.

6. Die Paprikaschote halbieren, entkernen, waschen, in Würfel schneiden, hinzufügen und kurz mitschwitzen.

7. Mit Curry bestäuben, den Weißwein und die Kokosmilch angießen und das Ganze einmal aufkochen lassen.

8. Die Soße mit Hoisinsoße, Sojasoße, Salz und Pfeffer abrunden und bei mäßiger Hitze 8–10 Minuten köcheln lassen. Anschließend im Mixer oder mit dem Pürierstab pürieren.

9. Die Pfirsichhälften in kleine Stücke schneiden. Die Chilischote putzen, waschen, in Scheiben schneiden, mit den Pfirsichstücken in die Soße geben und kurz ziehen lassen.

10. Fett in einer Pfanne erhitzen und die Filetscheiben darin auf beiden Seiten scharf anbraten. Mit dem Reis und der Soße dekorativ anrichten, mit Kräuterzweigen garnieren und sofort servieren.

Gemüse-Reis-Pfanne

Für 4 Personen:

300 g Langkornreis, Salzwasser oder Gemüsebrühe zum Garen
300 g grüne Bohnen (frisch oder TK-Produkt)
2 EL Butter
1 Zwiebel
je 1 rote und gelbe Paprikaschote
1 Zucchini
Salz, Pfeffer aus der Mühle
1 Prise Muskat
1 Prise Cayennepfeffer
1 Prise Zucker
100 g gesalzene, geröstete Cashewkerne

1. Den Langkornreis unter fließendem Wasser waschen, im kochenden Salzwasser oder in der Gemüsebrühe 18–20 Minuten bissfest garen, abgießen, abschrecken und gut abtropfen lassen.

2. Die frischen Bohnen putzen, waschen, in mundgerechte Stücke schneiden, die TK-Bohnen auftauen lassen.

3. Die Butter in einer Pfanne erhitzen, die geschälte und fein gewürfelte Zwiebel darin glasig schwitzen.

4. Die Paprikaschoten halbieren, entkernen, waschen und in Streifen schneiden, mit den Bohnen zur Zwiebel geben und so lange braten, bis das Gemüse weich ist.

5. Die Zucchini putzen, waschen, in Streifen schneiden und kurz vor Garende zum Gemüse geben.

6. Den Reis untermischen, mit Salz, Pfeffer, Muskat, Cayennepfeffer und Zucker abschmecken. Zum Schluss die Cashewkerne untermischen. Die Gemüse-Reis-Pfanne dekorativ anrichten und sofort servieren.

Rosinen-Lamm-Pilaw

(ohne Abbildung)

Für 4 Personen:

300 g Langkornreis, 4 EL Olivenöl
1 Zwiebel, 2 Knoblauchzehen
600 ml Gemüse- oder Fleischbrühe
Salz, Pfeffer, Cayennepfeffer
1 TL Cumin (Kreuzkümmel)
250 g eingeweichte Rosinen
4 Lammfilets à 160–180 g
Fett zum Braten
1 Bund Schnittlauch
Kräuterzweige zum Garnieren

1. Den Langkornreis unter fließendem Wasser waschen und gut abtropfen lassen. Das Olivenöl in einer Pfanne erhitzen.

2. Die Zwiebel und die Knoblauchzehen schälen, fein würfeln, ins Fett geben und glasig schwitzen.

3. Den Reis dazugeben, kurz mitschwitzen, die Gemüse- oder Fleischbrühe angießen und das Ganze zum Kochen bringen. Mit Salz, Pfeffer, Cayennepfeffer und

Cumin würzen. Bei mäßiger Hitze 25 Minuten ausquellen lassen, dabei öfter umrühren.

4. Die Rosinen fünf Minuten vor Garende untermischen. Den Reis nachwürzen.

5. Die Lammfilets waschen und trocken tupfen. Fett in einer Pfanne erhitzen, die Lammfilets darin nach Geschmack medium oder durchbraten, salzen und pfeffern.

6. Das Rosinen-Lamm-Pilaw dekorativ anrichten, die Lammfilets in Scheiben schneiden und auf das Pilaw legen. Mit dem verlesenen, gewaschenen und fein geschnittenen Schnittlauch bestreuen, mit Kräuterzweigen garnieren und sofort servieren.

NASIGORENG

Für 4 Personen:

2 Eier
Salz, weißer Pfeffer aus der Mühle
1 EL Erdnussöl
300 g Hähnchenbrustfilet
300 g Rinderfilet
2 Knoblauchzehen
3 EL Sojasoße
½ TL Chilipulver
6 EL Sonnenblumenöl
2 Karotten
1 Stück Lauch
1 EL Krabbenpaste
1 EL Tomatenmark
1 TL Fünfgewürzpulver
4 Portionen Duftreis
150 g geschälte Krabben oder Crevetten
4 EL Ketjap Manis
1 Bund Schnittlauch

1. Die Eier in eine Schüssel geben, verschlagen und mit Salz und Pfeffer würzen.

2. Das Erdnussöl erhitzen und Omelettes ausbacken. Die Omelettes herausnehmen, erkalten lassen, in Streifen schneiden und bereitstellen.

3. Das Hähnchenbrustfilet und das Rinderfilet unter fließendem Wasser waschen, trocken tupfen, in Streifen schneiden und in eine Schüssel geben.

4. Den Knoblauch schälen, fein würfeln, mit der Sojasoße und dem Chilipulver vermischen und unter das Fleisch rühren. Das Fleisch im Kühlschrank mindestens eine Stunde marinieren.

5. Die Hälfte des Sonnenblumenöls in einem Wok erhitzen, das Fleisch darin unter ständigem Rühren braten, herausnehmen und bereitstellen.

6. Die Karotten schälen, waschen und in feine Streifen schneiden. Den Lauch putzen, waschen und ebenfalls in feine Streifen schneiden.

7. Das restliche Sonnenblumenöl in den Wok geben und das Gemüse darin unter ständigem Rühren braten.

8. Die Krabbenpaste, das Tomatenmark, das Fünfgewürzpulver, den Duftreis und die Krabben oder Crevetten dazugeben und fünf Minuten dünsten.

9. Das Fleisch unterrühren, erhitzen, aber nicht kochen lassen. Mit Ketjap Manis, Salz und Pfeffer kräftig würzen und den verlesenen, gewaschenen und fein geschnittenen Schnittlauch dazugeben.

10. Das Ganze dekorativ anrichten, mit den Omelettestreifen belegen und sofort servieren.

Reispfanne mit Gemüse und Hähnchen

Für 4 Personen:

600 g Hähnchenbrustfilets
Salz, Pfeffer aus der Mühle
1 Prise Chilipulver
2 TL geschroteter Koriander
Butterschmalz zum Braten
2 Zwiebeln
1 rote Chilischote
1 Zucchini
200 g Zuckermais
200 ml Gemüse- oder Geflügelbrühe
600 g bissfest gegarter Reis
4 EL Mangochutney

Außerdem:
Kräuterzweige und Chilischoten zum Garnieren
Korianderpulver zum Bestreuen

1. Die küchenfertigen Hähnchenbrustfilets unter fließendem Wasser waschen, trocken tupfen, in Streifen schneiden, mit Salz, Pfeffer, Chilipulver und den geschroteten Korianderkörnern kräftig würzen.

2. Das Butterschmalz in einem Wok erhitzen und die Hähnchenstreifen darin rundherum anbraten.

3. Die Zwiebeln schälen und in feine Würfel oder Streifen schneiden.

4. Die Chilischote halbieren, entkernen, waschen, in feine Streifen schneiden, mit den Zwiebeln zum Fleisch geben und kurz mitbraten.

5. Die Zucchini putzen, waschen, in feine Würfel schneiden, mit dem gut abgetropften Zuckermais zum Fleisch geben und ebenfalls kurz mitbraten.

6. Die Brühe angießen, zum Kochen bringen und bei mäßiger Hitze 8–10 Minuten köcheln lassen.

7. Den bissfest gegarten Reis untermischen, das Mangochutney dazugeben und das Ganze erhitzen.

8. Mit Salz und Pfeffer nochmals nachwürzen, dekorativ anrichten, mit Kräuterzweigen und Chilischoten garnieren, mit Korianderpulver bestreuen und sofort servieren.

Safrankartoffeln mit Lachs

Für 4 Personen:

Für die Kartoffeln:
1 kg Kartoffeln
Salzwasser zum Garen
1 TL Butter
100 ml Gemüsebrühe
1 Döschen Safran
Salz, Pfeffer aus der Mühle
1 Prise Muskat

Außerdem:
8 Lachstranchen à 80–100 g
100 ml Weißwein
200 ml Gemüsebrühe
Saft einer Zitrone
2 Lorbeerblätter
1 TL Wacholderbeeren
Zitronenmelisse zum Garnieren

1. Die Kartoffeln schälen, Kugeln ausstechen, im Salzwasser fünf Minuten garen und abgießen.

2. Die Butter in einer Pfanne erhitzen. Die Kartoffeln dazugeben, die Gemüsebrühe angießen und den Safran hinzufügen.

3. Die Kartoffeln mit Salz, Pfeffer und Muskat kräftig abschmecken, durchschwenken und warm stellen.

4. Den küchenfertigen Lachs unter fließendem Wasser waschen und trocken tupfen.

5. Den Weißwein mit der Gemüsebrühe, dem Zitronensaft, den Lorbeerblättern und den Wacholderbeeren in einem Topf zum Kochen bringen, den Lachs darin pochieren und herausnehmen.

6. Die Kartoffeln dekorativ auf Tellern verteilen, den Lachs daraufsetzen, mit Zitronenmelisse garnieren und mit gebratenen Zucchinischeiben sofort servieren.

Koteletts mit Kräuterbutter

Für 4 Personen:

4 küchenfertige Schweinekoteletts à 200 g
Salz, Pfeffer aus der Mühle
1 TL Paprikapulver edelsüß
Mehl zum Wenden
2 Eier
50 ml Milch
150 g Semmelbrösel
Butterschmalz zum Braten

Außerdem:
125 g Kräuterbutter (Fertigprodukt)
1 Stück Salatgurke
½ Bund Radieschen
einige Salatblätter
3 EL Weißweinessig
1 Prise Zucker
3 EL Olivenöl
Zitronenscheiben und Petersilienzweige zum Garnieren

1. Die Schweinekoteletts unter fließendem Wasser waschen, trocken tupfen, mit Salz, Pfeffer und Paprikapulver würzen und in Mehl wenden.

2. Die Eier mit der Milch in einen tiefen Teller geben und verschlagen. Die Semmelbrösel in einen zweiten Teller geben, die Koteletts durch die Eier ziehen und mit den Semmelbröseln panieren.

3. Das Butterschmalz in einer Pfanne erhitzen, die Koteletts darin goldgelb ausbacken, herausnehmen und warm stellen.

4. Die Kräuterbutter in zentimeterdicke Scheiben schneiden.

5. Die Salatgurke putzen, waschen und in dünne Scheiben schneiden.

6. Die Radieschen ebenfalls putzen, waschen und in dünne Scheiben schneiden.

7. Die Salatblätter verlesen, waschen, gut abtropfen lassen und mit den Gurken- und Radieschenscheiben dekorativ anrichten.

8. Den Weißweinessig mit Salz, Pfeffer und Zucker würzen, das Olivenöl einrühren und den Salat damit beträufeln.

9. Die gebackenen Koteletts und die Kräuterbutter zum Salat geben, die Koteletts mit den Zitronenscheiben und Petersilienzweigen garnieren und mit Kartoffelkroketten sofort servieren.

Geschnetzeltes auf grünem Spargel

Für 4 Personen:

Für den Spargel:
1 kg grüner Spargel, Salzwasser oder Gemüsebrühe zum Garen
50 g Butter, ½ unbehandelte Zitrone
Salz, Pfeffer aus der Mühle
1 Prise Muskat

Für das Geschnetzelte:
800 g Schweinefleisch aus der Oberschale, 1 EL geschrotete, schwarze Pfefferkörner
1 EL gerebelter Majoran
2–3 EL Butterschmalz
2–3 Schalotten, 1–2 Knoblauchzehen
100 ml Weißwein
400 ml Spargelfond
200 ml süße Sahne
Speisestärke zum Binden
100 g Sahneschmelzkäse
50 g frische, gemischte Kräuter (Petersilie, Schnittlauch, Basilikum)

Außerdem:
2–3 Tomaten, 1–2 EL Butter
Kräuterzweige zum Garnieren

1. Den Spargel putzen und die unteren Enden abschneiden. Salzwasser oder Gemüsebrühe mit der Butter und der Zitronenhälfte in einem Topf zum Kochen bringen. Mit Salz, Pfeffer und Muskat würzen, die Spargelstangen einlegen, bei mäßiger Hitze bissfest garen und warm stellen.

2. Das Schweinefleisch unter fließendem Wasser waschen, trocken tupfen und in feine Streifen schneiden. Mit geschrotetem Pfeffer und Majoran würzen.

3. Das Butterschmalz in einer Pfanne erhitzen und das Fleisch darin rundherum Farbe nehmen lassen.

4. Die Schalotten und die Knoblauchzehen schälen, fein würfeln, zum Fleisch geben und mitbraten.

5. Wein, Spargelfond und Sahne angießen, zum Kochen bringen und bei mäßiger Hitze 12–15 Minuten köcheln lassen. Mit etwas angerührter Speisestärke leicht binden, mit Salz und Pfeffer abrunden.

6. Den Sahneschmelzkäse und die verlesenen, gewaschenen und fein geschnittenen Kräuter unter das Geschnetzelte ziehen.

7. Die Tomaten waschen, den Strunk herausschneiden, die Tomaten halbieren, entkernen und in Streifen schneiden. Die Butter in einer Pfanne erhitzen, die Tomatenstreifen darin anschwitzen und mit Salz und Pfeffer würzen.

8. Den grünen Spargel auf heißen Tellern dekorativ anrichten, mit dem Geschnetzelten überziehen, die Tomatenstreifen daraufgeben, mit Kräuterzweigen garnieren und mit Kartoffelpüree sofort servieren.

Spargel mit Sauce béarnaise

Für 4 Personen:

Für den Spargel:
1 kg geschälter Spargel
Salzwasser zum Garen
1 Stück unbehandelte Zitrone
1 EL Butter

Für die Soße:
2 Schalotten
50 ml Spargelfond
50 ml Weißwein
4 Eigelb
einige Tropfen Zitronensaft
einige Tropfen Worcestersoße
1 Prise Zucker
Salz, Pfeffer aus der Mühle
150 g zerlassene Butter
4 EL Bratenfond (Fertigprodukt)
je 2–3 Zweige Kerbel und Estragon

Außerdem:
1 Packung Räucherlachs (200 g)
Tomatenrosen und Basilikumblättchen zum Garnieren

1. Den Spargel dünn schälen und die unteren Enden abschneiden. Reichlich Salzwasser in einem Topf erhitzen, die Zitrone und die Butter hineingeben und den Spargel darin bissfest garen.

2. Anschließend den Spargel aus dem Fond nehmen, gut abtropfen lassen und warm stellen.

3. Für die Soße die Schalotten schälen, sehr fein hacken, mit dem Spargelfond, dem Weißwein und den Eigelben in eine feuerfeste Schüssel geben und mit dem Schneebesen verschlagen.

4. Die Soße mit Zitronensaft, Worcestersoße, Zucker, Salz und Pfeffer würzen und im Wasserbad schaumig schlagen.

5. Den Schaum vom Herd nehmen und die zerlassene, handwarme Butter tropfenweise einrühren.

6. Zum Schluss den Bratenfond mit dem verlesenen, gewaschenen und fein geschnittenen Kerbel und Estragon unterrühren.

7. Den Spargel mit je einer Portion Räucherlachs dekorativ auf Tellern anrichten, mit der Sauce béarnaise überziehen, mit Tomatenrosen und Basilikumblättchen garnieren und mit Röstiecken sofort servieren.

Hähnchenbrust mit Kräuterkruste

Für 4 Personen:

4 Hähnchenbrustfilets
Salz, Pfeffer aus der Mühle
2 EL Sonnenblumenöl

Für die Kruste:
4 EL Semmelbrösel, 2 EL Grieß
einige Zweige Zitronenmelisse
einige Zweige Thymian
1 EL geriebene Zitronenschale
100 g weiche Butter
50 g frisch geriebener Parmesankäse

Für die Soße:
100 g Schalotten, 2 EL Butter
100 ml Weißwein
300 ml Gemüse- oder Geflügelbrühe
weißer Soßenbinder zum Binden
125 g Crème fraîche mit Kräutern
2 EL gemischte, frisch gehackte Kräuter

Außerdem:
1 Tomate, Kirschtomatenhälften, Zitronenmelisseblättchen und Zitronenscheiben zum Garnieren

1. Die Hähnchenbrustfilets der Länge nach halbieren, unter fließendem Wasser waschen, trocken tupfen und mit Salz und Pfeffer kräftig würzen.

2. Das Sonnenblumenöl in einer Pfanne erhitzen, die Hähnchenbrustfilets darin auf beiden Seiten anbraten, herausnehmen und in eine Auflaufform setzen.

3. Die Semmelbrösel mit den Grieß, den verlesenen, gewaschenen und fein geschnittenen Kräutern, der geriebenen Zitronenschale, der Butter und dem geriebenen Parmesankäse in eine Schüssel geben und alles miteinander verkneten.

4. Die Masse mit Salz und Pfeffer würzen, gleichmäßig auf den Hähnchenbrustfilets verstreichen und diese im auf 200 °C vorgeheizten Backofen 15 Minuten garen.

5. Für die Soße die Schalotten schälen und fein würfeln. Die Butter in einem Topf erhitzen und die Schalotten darin unter ständigem Rühren glasig schwitzen. Mit Weißwein ablöschen und die Gemüse- oder Geflügelbrühe angießen.

6. Das Ganze zum Kochen bringen und mit weißem Soßenbinder leicht binden. Die Crème fraîche und die gehackten Kräuter einrühren und die Soße mit Salz und Pfeffer aus der Mühle abschmecken.

7. Die Soße auf heißen Tellern verteilen und die überbackenen Hähnchenbrustfilets dekorativ einsetzen.

8. Das Ganze mit der in feine Würfel geschnittenen Tomate bestreuen, mit Kirschtomatenhälften, Zitronenmelisseblättchen und Zitronenscheiben garnieren und sofort servieren.

Lauch-Tomaten-Geschnetzeltes

Für 4 Personen:

Für die Käsenudeln:
300 kleine Nudeln, Salzwasser zum Garen, einige Tropfen Olivenöl
1 EL Butter, 1 Zwiebel, 125 g geriebener Butterkäse, 100 ml Milch

Für das Geschnetzelte:
600 g Schweineoberschale
Salz, Pfeffer aus der Mühle
1 EL Paprikapulver edelsüß
je 1 TL Majoran und Thymian
1 EL Butterschmalz, 1 Zwiebel
½ Stange Lauch, 50 g Tomatenmark, 100 ml Rotwein
500 ml Gemüsebrühe, 10 g Speisestärke zum Binden, 2 Tomaten

Außerdem:
Basilikum und Kräuterzweige zum Garnieren

1. Für die Käsenudeln die Nudeln im Salzwasser mit dem Olivenöl bissfest garen, abgießen, abschrecken und gut abtropfen lassen.

2. Die Butter in einer Auflaufform erhitzen. Die Zwiebel schälen, fein würfeln, ins Fett geben und glasig schwitzen.

3. Die Nudeln dazugeben und kurz mitschwitzen. Den geriebenen Butterkäse mit der Milch vermischen, gleichmäßig auf den Nudeln verteilen und diese im auf 200 °C vorgeheizten Backofen 20 Minuten backen.

4. Währenddessen das Fleisch unter fließendem Wasser waschen, trocken tupfen und in feine Streifen oder Würfel schneiden. Mit Salz, Pfeffer, Paprikapulver, Majoran und Thymian kräftig würzen.

5. Das Butterschmalz in einer Pfanne erhitzen, das Fleisch darin unter ständigem Rühren braten, herausnehmen und warm stellen.

6. Die Zwiebel schälen und in feine Würfel schneiden. Den Lauch putzen, waschen, in Streifen schneiden, mit der Zwiebel ins verbliebene Bratfett geben und anbraten.

7. Das Tomatenmark einrühren, mit Rotwein ablöschen, die Brühe angießen und zum Kochen bringen.

8. Die Soße bei starker Hitze ca. fünf Minuten einreduzieren lassen und mit etwas angerührter Speisestärke leicht binden.

9. Die Tomaten enthäuten, entkernen und in Stücke schneiden. Mit dem Fleisch in die Soße geben, erhitzen, aber nicht kochen lassen, mit Salz und Pfeffer nachwürzen.

10. Die Käsenudeln aus dem Ofen nehmen, in Stücke schneiden, dekorativ anrichten, das Geschnetzelte dazugeben, mit Basilikum garnieren und sofort servieren.

Pfefferlachs mit Honigsosse

Für 4 Personen:

4 Lachsfilets à 200 g
Saft von 1 Zitrone
einige Tropfen Worcestersoße
Salz, Pfeffer aus der Mühle
1 EL schwarze Pfefferkörner
1 EL weiße Pfefferkörner
2 EL grüne Pfefferkörner

Für die Soße:
100 g Butter
1 Zwiebel
125 ml trockener Wermut
200 ml süße Sahne
80 g frische Kräuter
1 EL Akazienhonig

Außerdem:
gebratene Kirschtomaten und Kräuter zum Garnieren

1. Die küchenfertigen Lachsfilets unter fließendem Wasser waschen und trocken tupfen.

2. Die Lachsfilets mit Zitronensaft und Worcestersoße beträufeln, mit Salz und Pfeffer würzen und im Kühlschrank 10 Minuten ziehen lassen.

3. In der Zwischenzeit die schwarzen und weißen Pfefferkörner im Mörser schroten, mit den zerdrückten grünen Pfefferkörnern vermischen und anschließend die Lachsfilets damit einreiben.

4. Die Butter in einer Pfanne erhitzen, den Pfefferlachs darin auf beiden Seiten braten, herausnehmen und warm stellen.

5. Die Zwiebel schälen, fein würfeln, ins verbliebene Bratfett geben und glasig schwitzen.

6. Den Wermut und die Sahne angießen und das Ganze kurz einreduzieren lassen.

7. Die verlesenen, gewaschenen und fein geschnittenen Kräuter mit dem Honig in die Soße einrühren.

8. Die Soße mit Salz, Pfeffer, Zitronensaft und Worcestersoße kräftig abschmecken.

9. Die Soße auf heißen Tellern dekorativ verteilen, den Pfefferlachs einsetzen, mit gebratenen Kirschtomaten und Kräutern garnieren und sofort servieren.

Schnitzel alla Caprese

Für 4 Personen:

300 g Spaghetti
Salzwasser zum Garen
einige Tropfen Olivenöl
2–3 Schalotten, 2–3 Knoblauchzehen
1 Limette
100 ml Weißwein
je 200 ml Gemüse- oder Fleischbrühe und süße Sahne
Speisestärke zum Binden
Salz, Pfeffer aus der Mühle
je 1 Prise Muskat, Cayennepfeffer und Zucker

Außerdem:
8 Schweineschnitzel à 80–100 g
Butterschmalz zum Braten
2–3 Tomaten
2 Kugeln Mozzarella à 125 g
Basilikum- und Pfefferminzblättchen sowie Limettenecken zum Garnieren

1. Die Spaghetti im Salzwasser mit dem Olivenöl bissfest garen, abgießen, abschrecken, gut abtropfen lassen und bereitstellen.

2. Die Schalotten und die Knoblauchzehen schälen und fein würfeln. Die Limette großzügig schälen und das Fruchtfleisch in feine Würfel schneiden.

3. Etwas Olivenöl in einer Pfanne erhitzen, die Schalotten- und Knoblauchwürfel darin anschwitzen, die Limettenwürfel dazugeben und kurz mitschwitzen.

4. Den Weißwein, die Gemüse- oder Fleischbrühe und die Sahne angießen, zum Kochen bringen und fünf Minuten einreduzieren lassen.

5. Mit etwas angerührter Speisestärke leicht binden, mit Salz, Pfeffer, Muskat, Cayennepfeffer und Zucker abschmecken. Die Spaghetti in der Soße erhitzen, nochmals nachwürzen und bereitstellen.

6. Die Schweineschnitzel unter fließendem Wasser waschen, trocken tupfen, leicht klopfen, mit Salz und Pfeffer würzen.

7. Das Butterschmalz in einer Pfanne erhitzen und die Schnitzel darin 4–5 Minuten braten.

8. Die Schnitzel auf ein Backblech legen. Die Tomaten waschen, den Strunk herausschneiden und die Tomaten in Scheiben schneiden.

9. Den Mozzarella ebenfalls in Scheiben schneiden, mit den Tomatenscheiben auf die Schnitzel legen und diese im Backofen oder unter dem Grill überbacken.

10. Die Schnitzel alla Caprese mit den Limettenspaghetti dekorativ anrichten, mit Basilikum- und Pfefferminzblättchen sowie Limettenecken garnieren und sofort servieren.

WESTERNSCHNITZEL

Für 4 Personen:

4 Schweineschnitzel à 200 g
Salz, Pfeffer aus der Mühle
Öl zum Braten

Für das Gemüse:
200 g roh geräucherter Speck
1–2 EL Sonnenblumenöl
je 1 rote und grüne Paprikaschote
2 EL Tomatenmark
3 Tomaten
250 ml Gemüsebrühe
1 Dose Kidneybohnen
1 Dose Zuckermais
Cayennepfeffer
1 Prise Zucker

Für die Zwiebeln:
2 Zwiebeln
1 EL Mehl
Fett zum Frittieren

1. Die Schweineschnitzel unter fließendem Wasser waschen, trocken tupfen, mit Salz und Pfeffer würzen.

2. Das Öl in einer Pfanne erhitzen und die Schnitzel darin auf beiden Seiten braten.

3. Den Speck in kleine Würfel schneiden. Das Sonnenblumenöl in einer zweiten Pfanne erhitzen und den Speck darin anschwitzen.

4. Die Paprikaschoten halbieren, entkernen, waschen, abtropfen lassen, in Würfel schneiden und mitschwitzen. Das Tomatenmark einrühren und kurz rösten.

5. Die Tomaten waschen, den Strunk entfernen, die Tomaten in Würfel schneiden und dazugeben.

6. Die Gemüsebrühe angießen und das Ganze fünf Minuten köcheln lassen.

7. Die Kidneybohnen und den Zuckermais gut abtropfen lassen, zum Gemüse geben und erhitzen.

8. Mit Salz, Cayennepfeffer und Zucker kräftig abschmecken. Die Zwiebeln schälen, in dünne Ringe schneiden und in Mehl wenden.

9. Das Fett in einem Topf erhitzen, die Zwiebelringe darin goldgelb frittieren, herausnehmen, auf Küchenkrepp abtropfen lassen und salzen.

10. Die Western-Schnitzel mit dem Gemüse dekorativ anrichten, mit den frittierten Zwiebeln belegen und mit Country Potatoes sofort servieren.

Schnitzel mit Olivensoße

Für 4 Personen:

8 Schweineschnitzel à 100 g
Salz, Pfeffer aus der Mühle
1 EL gerebelter Majoran
1 TL gerebelter Thymian
Fett zum Braten

Für die Soße:
1 Zwiebel
6–8 Tomaten
100 g entsteinte, schwarze Oliven
250 ml Tomatensoße
50 g geriebener Parmesankäse
1 Prise Cayennepfeffer
25 g gemischte, gehackte Kräuter (Estragon, Rosmarin, Oregano)

1. Die küchenfertigen Schweineschnitzel unter fließendem Wasser waschen, trocken tupfen, mit Salz und Pfeffer kräftig würzen, mit Majoran und Thymian bestreuen.

2. Etwas Fett in einer Pfanne erhitzen, die Schweineschnitzel darin braten, herausnehmen und warm stellen.

3. Die Zwiebel schälen, fein hacken, ins verbliebene Bratfett geben und glasig schwitzen.

4. Die Tomaten enthäuten, entkernen, in Würfel schneiden, zu der Zwiebel geben und kurz mitschwitzen.

5. Die entsteinten Oliven halbieren oder vierteln, zu den Tomaten geben und ebenfalls kurz mitschwitzen. Die Tomatensoße angießen und einmal aufkochen lassen.

6. Den geriebenen Parmesankäse in die Olivensoße einrühren, das Ganze mit Salz, Pfeffer und Cayennepfeffer kräftig abschmecken und die gemischten, gehackten Kräuter unterrühren.

7. Die Schnitzel mit der Tomaten-Oliven-Soße auf vorgewärmten Tellern dekorativ anrichten und mit Rosmarinkartoffeln und Brokkoligemüse sofort servieren.

Apfelschnitzel mit Möhren-Kohlrabigemüse

Für 4 Personen:

50 g Butter
1 Zwiebel
400 g Möhren
400 g Kohlrabi
Saft von 2 Limetten
1 EL Zucker
200 ml Gemüsebrühe
200 ml süße Sahne
Salz, Pfeffer aus der Mühle
1 Prise Muskat

Außerdem:
8 kleine Schweine- oder Kalbsschnitzel à 80–100 g
1 TL Paprikapulver rosenscharf
Butterschmalz zum Braten
2–3 säuerliche Äpfel
Saft von 1 Zitrone
8 cl Rum
300 ml Gemüse- oder Fleischbrühe
2–3 EL Waldhonig
Kräuterzweige und blanchierte Möhren zum Garnieren

1. Die Butter in einer Pfanne erhitzen. Die Zwiebel schälen, fein würfeln, ins Fett geben und glasig schwitzen.

2. Die Möhren und die Kohlrabi schälen, in Würfel schneiden, zu der Zwiebel geben und mitdünsten.

3. Den Limettensaft angießen, mit Zucker bestreuen, die Gemüsebrühe und die Sahne angießen und bei mäßiger Hitze 8–10 Minuten köcheln lassen. Das Gemüse mit Salz, Pfeffer und Muskat würzen.

4. Die küchenfertigen Schweine- oder Kalbsschnitzel unter fließendem Wasser waschen, trocken tupfen, leicht klopfen, mit Salz, Pfeffer und Paprikapulver kräftig würzen.

5. Das Butterschmalz in einer Pfanne erhitzen. Die Schnitzel darin auf beiden Seiten je 3–4 Minuten braten, herausnehmen und warm stellen.

6. Die Äpfel schälen, entkernen, in 1 cm dicke Scheiben schneiden und mit Zitronensaft beträufeln. Im verbliebenen Bratfett braten, zu den Schnitzeln geben und warm stellen.

7. Den Bratenfond mit dem Rum ablöschen, die Gemüse- oder Fleischbrühe angießen, den Waldhonig einrühren und kurz einreduzieren lassen.

8. Die Apfelschnitzel mit dem Möhren-Kohlrabi-Gemüse dekorativ anrichten, mit der Rumsoße beträufeln, mit Kräuterzweigen und blanchierten Möhren garnieren und mit Curryreis sofort servieren.

Champignonschnitzel mit Kressesosse

Für 4 Personen:

4 Schweineschnitzel à 200 g
Salz, Pfeffer aus der Mühle
Mehl zum Wenden, 2 Eier
150 g Semmelbrösel
Butterschmalz zum Braten

Für die Champignons:
400 g Champignons
Saft von ½ Zitrone
200 g Kirschtomaten

Für die Soße:
100 g Schalotten, 2 EL Butter
100 ml Weißwein
300 ml Gemüsebrühe
2 Kästchen Kresse
125 g Kräuter-Crème-fraîche
1 Prise Muskat

Außerdem:
Kresse zum Garnieren

1. Die Schweineschnitzel unter fließendem Wasser waschen, trocken tupfen, leicht klopfen, mit Salz und Pfeffer würzen und in Mehl wenden.

2. Die Eier in einem tiefen Teller verschlagen und die Semmelbrösel in einen zweiten Teller geben. Die Schweineschnitzel durch die Eier ziehen und mit den Semmelbröseln panieren.

3. Das Butterschmalz in einer Pfanne erhitzen, die Schnitzel darin goldgelb ausbacken, herausnehmen und warm stellen.

4. Die Champignons verlesen, waschen, gut abtropfen lassen, in Scheiben schneiden, mit Zitronensaft beträufeln und im verbliebenen Bratfett anbraten.

5. Die Kirschtomaten waschen, vom Strunk befreien, halbieren, zu den Champignons geben, kurz mitbraten, mit Salz und Pfeffer würzen und warm stellen.

6. Für die Soße die Schalotten schälen, fein würfeln und in der erhitzten Butter glasig schwitzen. Mit Weißwein ablöschen, die Gemüsebrühe angießen, zum Kochen bringen, fünf Minuten köcheln lassen und anschließend im Mixer oder mit dem Pürierstab pürieren.

7. Die Kresse verlesen, waschen und gut abtropfen lassen. Die Kräuter-Crème-fraîche mit der Kresse einrühren und die Soße mit Salz, Pfeffer und Muskat würzen.

8. Die Kräutersoße auf Tellern verteilen, die Schnitzel mit den Champignons dekorativ darauf anrichten, mit Kresse garnieren und mit Spätzle sofort servieren.

Paprikageschnetzeltes mit Chili

Für 4 Personen:

600 g Schweinefilet
1 EL Butterschmalz
Salz, Pfeffer aus der Mühle
2 Zwiebeln
2 Knoblauchzehen
je 1 große rote und grüne Paprikaschote
1 rote Chilischote
1–2 EL Paprikapulver edelsüß
½ TL Paprikapulver rosenscharf
100 ml Weißwein
200 ml Gemüsebrühe
200 ml süße Sahne
Speisestärke zum Binden
2 EL mittelscharfer Senf
1 EL Honig

Außerdem:
½ Bund Schnittlauch
Basilikumblättchen zum Garnieren

1. Das Schweinefilet waschen, trocken tupfen und in Scheiben schneiden.

2. Das Butterschmalz in einer Pfanne erhitzen. Das Fleisch darin anbraten, salzen, pfeffern, herausnehmen und warm stellen.

3. Die Zwiebeln und die Knoblauchzehen schälen, in feine Scheiben schneiden und im verbliebenen Bratfett kurz dünsten.

4. Die Paprikaschoten halbieren, entkernen, waschen, abtropfen lassen und in mundgerechte Stücke schneiden.

5. Die Chilischote halbieren, entkernen, waschen, klein schneiden, mit den Paprikaschoten zu den Knoblauchzwiebeln geben und kurz mitschwitzen.

6. Mit dem Paprikapulver edelsüß und dem Paprikapulver rosenscharf bestäuben und kurz dünsten.

7. Den Weißwein angießen, die Brühe und die Sahne dazugeben und das Ganze bei mäßiger Hitze fünf Minuten köcheln lassen.

8. Die Paprikasoße mit etwas angerührter Speisestärke leicht binden, mit Senf, Honig, Salz und Pfeffer kräftig abschmecken.

9. Das Fleisch in die Soße geben, nochmals erhitzen, aber nicht mehr kochen lassen.

10. Das Paprikageschnetzelte dekorativ anrichten, mit frisch geschnittenem Schnittlauch bestreuen, mit Basilikumblättchen garnieren und mit Butterreis sofort servieren.

Putengeschnetzeltes mit Gemüse

Für 4 Personen:

600 g Putenbrustfilet
1–2 EL Butterschmalz
Salz, Pfeffer aus der Mühle
4 cl Grappa
1 Zwiebel
je 1 rote und grüne Paprikaschote
100 ml Weißwein
400 ml Gemüse- oder Fleischbrühe
1 Zucchini
1 kleine Dose dicke weiße Bohnen
Saft von 1 Zitrone
1–2 EL mittelscharfer Senf
Speisestärke zum Binden
1 Prise Cayennepfeffer
1 Prise Zucker

Außerdem:
1 Bund Petersilie
Kräuterzweige zum Garnieren

1. Das Putenbrustfilet unter fließendem Wasser waschen, trocken tupfen und in Streifen schneiden.

2. Das Schmalz in einer Pfanne erhitzen und das Putenbrustfilet darin unter ständigem Rühren braten.

3. Das Fleisch mit Salz und Pfeffer würzen, mit Grappa beträufeln, aus der Pfanne nehmen und warm stellen.

4. Die Zwiebel schälen, die Paprikaschoten halbieren, entkernen und waschen. Beides in feine Streifen schneiden, ins verbliebene Bratfett geben und glasig schwitzen.

5. Den Weißwein und die Gemüse- oder Fleischbrühe angießen, zum Kochen bringen und fünf Minuten köcheln lassen.

6. Die Zucchini putzen, waschen, vierteln und in Scheiben schneiden. Mit den Bohnen zum Gemüse geben und weitere 8–10 Minuten garen.

7. Den Zitronensaft und den Senf in die Soße rühren und einmal aufkochen lassen.

8. Anschließend die Soße mit angerührter Speisestärke binden, mit Salz, Pfeffer, Cayennepfeffer und Zucker kräftig abschmecken.

9. Das Fleisch in die Soße geben, nochmals erhitzen, aber nicht mehr kochen lassen, dekorativ anrichten, mit gehackter Petersilie bestreuen, mit Kräuterzweigen garnieren und mit Reisbällchen sofort servieren.

Geschnetzeltes mit Majoransahne

Für 4 Personen:

600 g mageres Schweinefleisch
1 EL gerebelter Majoran
2 EL Butterschmalz
Salz, Pfeffer aus der Mühle

Für die Soße:
1 Zwiebel, 2 Knoblauchzehen
1 rote Chilischote
2–3 Karotten, 200 g Sellerie
2–3 EL Paprikamark
300 ml Gemüse- oder Fleischbrühe
200 ml süße Sahne, 1 Zucchini
Speisestärke zum Binden
1 Bund frischer Majoran oder
1–2 EL gerebelter Majoran
einige Tropfen Weinbrand
1 Prise Zucker
1 Prise Cayennepfeffer

Außerdem:
Kräuterzweige zum Garnieren

1. Das Schweinefleisch unter fließendem Wasser waschen, trocken tupfen, in feine Streifen schneiden und mit Majoran bestreuen.

2. Das Butterschmalz in einer Pfanne erhitzen. Das Fleisch darin unter ständigem Rühren braten, salzen, pfeffern, herausnehmen und bereitstellen.

3. Die Zwiebel und die Knoblauchzehen schälen, fein würfeln, ins verbliebene Bratfett geben und glasig schwitzen.

4. Die Chilischote, die Karotten und den Sellerie putzen, waschen, die Chilischote in feine Streifen und das restliche Gemüse in Stücke schneiden.

5. Das Gemüse zu den Knoblauchzwiebeln geben und mitschwitzen.

6. Die Brühe und die Sahne angießen, das Ganze zum Kochen bringen und das Gemüse darin bissfest garen.

7. Anschließend die geputzte, gewaschene und in Würfel geschnittene Zucchini dazugeben und 4–5 Minuten mitgaren.

8. Die Soße mit etwas angerührter Speisestärke leicht binden. Den verlesenen, gewaschenen und zerpflückten oder den gerebelten Majoran in die Soße geben.

9. Mit Weinbrand aromatisieren, mit Salz, Pfeffer, Zucker und Cayennepfeffer abschmecken.

10. Das Fleisch in die Soße geben, nochmals erhitzen, aber nicht mehr kochen lassen.

11. Das Geschnetzelte dekorativ anrichten, mit Kräuterzweigen garnieren, mit Curryreis und gemischtem Salat sofort servieren.

Putenpfanne mit Gemüse

Für 4 Personen:

600 g Putenbrustfilet
Salz, Pfeffer aus der Mühle
Butterschmalz zum Braten

Für die Soße:
1 rote Zwiebel
2 Knoblauchzehen
1 rote Chilischote
2 Karotten
100 ml Weißwein
400 ml Gemüse- oder Geflügelbrühe
3 EL Sojasoße
2 EL Honig
1 Zucchini
4 Tomaten
Speisestärke zum Binden

Außerdem:
1 Bund Basilikum

1. Das küchenfertige Putenbrustfilet unter fließendem Wasser waschen, trocken tupfen und in feine Scheiben schneiden. Mit Salz und Pfeffer kräftig würzen.

2. Wenig Butterschmalz in einer Pfanne erhitzen, das Fleisch darin unter ständigem Rühren braten, herausnehmen und bereitstellen.

3. Die Zwiebel und die Knoblauchzehen schälen, in feine Streifen schneiden, ins verbliebene Bratfett geben und glasig schwitzen.

4. Die Chilischote putzen, halbieren, entkernen, waschen, fein würfeln, mit den geschälten und in feine Scheiben geschnittenen Karotten zu den Knoblauchzwiebeln geben und mitbraten.

5. Mit Weißwein ablöschen, die Gemüse- oder Geflügelbrühe angießen und zum Kochen bringen.

6. Die Sojasoße und den Honig einrühren und die Soße bei mäßiger Hitze 6–8 Minuten köcheln lassen.

7. Die Zucchini putzen, waschen, halbieren und in feine Scheiben schneiden.

8. Die Tomaten waschen, vom Strunk befreien und in Streifen schneiden. Mit den Zucchinischeiben in die Soße geben und weitere fünf Minuten garen.

9. Anschließend das Ganze mit etwas angerührter Speisestärke leicht binden. Das Fleisch in die Soße geben, erhitzen, aber nicht mehr kochen lassen, und mit Salz und Pfeffer nachwürzen.

10. Die Putenpfanne mit Gemüse dekorativ anrichten, mit dem verlesenen, gewaschenen und zerpflückten Basilikum belegen und sofort servieren.

FILETGESCHNETZELTES MEXICANA

Für 4 Personen:

600 g Schweinefilet
Salz, Pfeffer aus der Mühle
2 EL Olivenöl

Für die Soße:
1 Zwiebel
je 1 rote, gelbe und grüne Paprikaschote
1 rote Chilischote
200 ml Gemüse- oder Fleischbrühe
1 Dose Kidneybohnen (260 g netto)
1 Dose Zuckermais (280 g netto)
1 Packung Tico Seasoning Mix (mexikanische Würzmischung)

Außerdem:
1 Packung Tortillafladen
200 g Sauerrahm

1. Das küchenfertige Schweinefilet unter fließendem Wasser waschen, trocken tupfen, in dünne Scheibchen oder Streifen schneiden, mit Salz und Pfeffer würzen.

2. Das Olivenöl in einer Pfanne erhitzen, das Fleisch darin braten, herausnehmen und warm stellen.

3. Die Zwiebel schälen, fein würfeln, ins verbliebene Bratfett geben und glasig schwitzen.

4. Die Paprikaschoten und die Chilischote halbieren, entkernen, waschen, gut abtropfen lassen, in feine Streifen schneiden, zu der Zwiebel geben und kurz mitschwitzen.

5. Die Brühe angießen und das Ganze bei mäßiger Hitze ca. sieben Minuten köcheln lassen.

6. Die gut abgetropften Kidneybohnen und den Zuckermais einrühren und bei mäßiger Hitze fünf Minuten köcheln lassen.

7. Das Fleisch dazugeben und erhitzen. Mit der mexikanischen Würzmischung, Salz und Pfeffer kräftig abschmecken.

8. Die Tortillafladen nach Packungsanweisung zubereiten, auf Teller legen, mit dem Geschnetzelten füllen, zusammenklappen und mit Sauerrahm sofort servieren.

Koteletts „Cordon bleu“

Für 4 Personen:

4 Schweinekoteletts à 200 g
4 Scheiben gekochter Schinken
4 Scheiben würziger Käse
Salz, Pfeffer aus der Mühle
Mehl zum Wenden, 2 Eier
150 g Semmelbrösel

Außerdem:
Butterschmalz zum Braten
Salatblätter, Tomatenscheiben, Zitronenecken und Kräuterzweige zum Garnieren

1. Die Koteletts unter fließendem Wasser waschen, trocken tupfen und mit einem Messer in jedes Kotelett eine Tasche einschneiden. Jedes Kotelett mit je einer Scheibe Schinken und Käse füllen.

2. Die Taschen mit Rouladennadeln zusammenstecken, die Koteletts mit Salz und Pfeffer würzen und in Mehl wenden.

3. Die Eier in einen tiefen Teller geben und verschlagen. Die Semmelbrösel in einen zweiten Teller geben. Die Koteletts durch die Eier ziehen und anschließend mit den Semmelbröseln panieren.

4. Das Schmalz in einer Pfanne erhitzen. Die Koteletts darin goldgelb ausbacken, herausnehmen und mit Küchenkrepp trocken tupfen.

5. Die Koteletts dekorativ anrichten, mit Salatblättern, Tomatenscheiben, Zitronenecken und Kräuterzweigen garnieren und mit einem Kartoffelsalat und einem gemischten Salat sofort servieren.

Schnitzel mit Zitronen

(ohne Abbildung)

Für 4 Personen:

8 Kalbsschnitzelchen à 80–100 g
Salz, Pfeffer aus der Mühle
Mehl zum Wenden
2–3 EL Butterschmalz
1 Bund Frühlingszwiebeln
125 ml Weißwein
125 ml Gemüse- oder Fleischbrühe
2–3 Zitronen, 4 Tomaten
1 Bund Zitronenmelisse
Cayennepfeffer, Zucker
Speisestärke zum Binden
Kräuterzweige zum Garnieren

1. Die küchenfertigen Kalbsschnitzelchen unter fließendem Wasser waschen, trocken tupfen, leicht klopfen, salzen, pfeffern und in Mehl wenden.

2. Das Butterschmalz in einer Pfanne erhitzen. Die Schnitzel darin auf beiden Seiten braten, herausnehmen und warm stellen.

3. Die Frühlingszwiebeln putzen, waschen, in feine Scheiben schneiden, ins verbliebene Bratfett geben und unter ständigem Rühren glasig schwitzen.

4. Den Weißwein und die Gemüse- oder Fleischbrühe angießen und einmal aufkochen lassen.

5. Die Zitronen großzügig schälen und die Filets herausschneiden. Mit den enthäuteten, entkernten, in Würfel geschnittenen Tomaten in die Soße geben und einmal aufkochen lassen. Die Zitronenmelisse verlesen, waschen, klein schneiden und in die Soße geben. Das Ganze mit Salz, Pfeffer, Cayennepfeffer und Zucker abschmecken und mit etwas angerührter Speisestärke leicht binden.

6. Die Kalbsschnitzelchen dekorativ anrichten, mit der Soße überziehen, mit Kräuterzweigen garnieren und sofort servieren.

Putensteaks mit Ananasglasur

Für 4 Personen:

4 Putensteaks à 180–200 g
Salz, Pfeffer aus der Mühle
2 EL Olivenöl

Für die Glasur:
1 Zwiebel
1 Stück Ananas
1 EL Olivenöl
1 EL Curry
1 Prise Cayennepfeffer
150 g Karamellsirup
100 ml Gemüsebrühe
50 ml Weißweinessig

Außerdem:
Kräuterzweige zum Garnieren

1. Die küchenfertigen Putensteaks unter fließendem Wasser waschen, trocken tupfen und mit Salz und Pfeffer kräftig würzen.

2. Das Olivenöl in einer Pfanne erhitzen und die Putensteaks darin auf beiden Seiten anbraten.

3. Die Putensteaks aus der Pfanne nehmen und auf eine feuerfeste Platte legen.

4. Die Zwiebel schälen und in sehr feine Würfel schneiden. Die Ananas schälen, den Strunk herausschneiden und die Ananas ebenfalls in sehr feine Würfel schneiden.

5. Das Olivenöl in einer Pfanne erhitzen und die Zwiebel darin glasig schwitzen.

6. Die Ananaswürfel dazugeben, mit Curry bestäuben und kurz mitschwitzen. Das Ganze mit Salz, Pfeffer und Cayennepfeffer würzen.

7. Den Karamellsirup, die Gemüsebrühe und den Weißweinessig dazugeben und bei mäßiger Hitze 10 Minuten köcheln lassen. Die Glasur vom Herd nehmen und erkalten lassen.

8. Die Putensteaks mit der Glasur bestreichen und auf dem Grill oder im auf 220 °C vorgeheizten Backofen 10–12 Minuten grillen.

9. Die Putensteaks mit Ananasglasur dekorativ anrichten, mit Kräuterzweigen garnieren und sofort servieren. Dazu serviert man einen Nudelsalat im Pergamentpäckchen.

Minutensteaks mit Tomatensalsa

Für 4 Personen:

8 kleine küchenfertige
Rindersteaks à 90 g
je 1 TL gerebelter Thymian und
Rosmarin
Olivenöl zum Braten
Salz, Pfeffer aus der Mühle

Für die Salsa:
100 g Schalotten
3 Knoblauchzehen
1 Bund Frühlingszwiebeln
500 g Tomaten
100 g Tomatenmark
100 g Chiliketchup
50 ml Olivenöl
1 Prise Cayennepfeffer
1 TL Zucker

Außerdem:
Rosmarinzweige zum Garnieren

1. Die Rindersteaks unter fließendem Wasser waschen, trocken tupfen, mit Thymian und Rosmarin einreiben.

2. Das Olivenöl in einer Pfanne erhitzen. Die Rindersteaks darin je nach Geschmack medium oder durchbraten, herausnehmen, mit Salz und Pfeffer würzen und warm stellen.

3. Die Schalotten und die Knoblauchzehen schälen, fein würfeln, ins verbliebene Bratfett geben und glasig schwitzen.

4. Die Frühlingszwiebeln putzen, waschen, in Scheiben schneiden, zu den Knoblauchzwiebeln geben und kurz mitschwitzen.

5. Die Tomaten enthäuten, in Würfel schneiden, zu den Zwiebeln geben und kurz mitschwitzen.

6. Das Tomatenmark, den Chiliketchup und das Olivenöl unterrühren. Das Ganze einmal aufkochen lassen, mit Salz, Pfeffer, Cayennepfeffer und Zucker würzen.

7. Die Rindersteaks mit der Tomatensalsa dekorativ anrichten, mit Rosmarinzweigen garnieren und sofort servieren. Dazu reicht man geröstetes Knoblauchbrot.

Hühnerfrikassee mit Gemüse

Für 4 Personen:

Für die Soße:
40 g Butter
40 g Mehl
500 ml Geflügelfond
200 ml süße Sahne

Für die Einlage:
600 g gekochtes oder gebratenes Hähnchenfleisch
Salz, Pfeffer aus der Mühle
1 Prise Muskat
einige Tropfen Zitronensaft
einige Tropfen Worcestersoße
2 EL Sahnemeerrettich
je 150 g Spargelabschnitte, grüne Erbsen und Karotten (TK-Produkt)

Außerdem:
Kräuterzweige zum Garnieren

1. Die Butter in einem Topf erhitzen und das Mehl mit dem Schneebesen einrühren.

2. Den Geflügelfond angießen und mit dem Schneebesen in die Mehlbutter einrühren.

3. Das Ganze zum Kochen bringen und bei mäßiger Hitze ca. acht Minuten köcheln lassen.

4. Die Soße durch ein Sieb streichen und erhitzen. Die Sahne angießen und einmal aufkochen lassen.

5. Das in mundgerechte Stücke geschnittene Hähnchenfleisch in die Soße geben und erhitzen.

6. Die Soße mit Salz, Pfeffer, Muskat, Zitronensaft, Worcestersoße und Sahnemeerrettich abschmecken. Das Gemüse in die Soße geben und bissfest garen.

7. Das Hühnerfrikassee nochmals nachwürzen, auf heißen Tellern dekorativ anrichten, mit Kräuterzweigen garnieren und mit Petersilienkartoffeln und einem gemischten Salat sofort servieren.

Spargel mit Rinderfiletstreifen

Für 4 Personen:

Für den Spargel:
1 kg Spargel
Salzwasser zum Garen
1 Stück unbehandelte Zitrone
1 EL Butter

Für das Fleisch:
500 g Rinderfilet
Salz, Pfeffer aus der Mühle
2 EL Sonnenblumenöl zum Braten
1 Karotte
½ Knolle Sellerie
1 Stange Lauch
200 ml Spargelfond
50 ml süße Chilisoße
2–3 EL Sojasoße
2 EL Honig
Saft von ½ Limette

Außerdem:
Chilistreifen und Basilikumblättchen zum Garnieren

1. Den Spargel dünn schälen, die unteren Enden abschneiden und die Spargelstangen in mundgerechte Stücke schneiden.

2. Reichlich Salzwasser in einem Topf erhitzen, ein Stück Zitrone und die Butter hineingeben, zum Kochen bringen, den Spargel einlegen und darin bissfest garen.

3. Das Rinderfilet unter fließendem Wasser waschen, trocken tupfen, in Streifen schneiden und mit Salz und Pfeffer kräftig würzen.

4. Das Sonnenblumenöl in einem Wok oder in einer Pfanne erhitzen, das Fleisch darin kurz braten, herausnehmen und bereitstellen.

5. Die Karotte und den Sellerie schälen und in feine Streifen schneiden. Den Lauch putzen, waschen und in feine Streifen schneiden.

6. Das Gemüse ins verbliebene Bratfett geben, anschwitzen und etwa fünf Minuten unter ständigem Rühren braten.

7. Den Spargelfond angießen und zum Kochen bringen. Die Chilisoße, die Sojasoße, den Honig und den Limettensaft unterrühren und einmal aufkochen lassen.

8. Den fertigen Spargel abgießen, abtropfen lassen, mit dem Fleisch zu dem Gemüse geben und erhitzen, aber nicht mehr kochen lassen.

9. Den Spargel mit Rinderfiletstreifen auf heißen Tellern dekorativ anrichten, mit Chilistreifen und Basilikumblättchen garnieren und sofort servieren.

Putenmedaillons mit Kartoffelkruste

Für 4 Personen:

8 Putenmedaillons à 80–100 g
Salz, Pfeffer aus der Mühle
2–3 EL Olivenöl, 2 EL Honig
2 EL Zitronensaft

Für die Kruste:
500 g mehligkochende Kartoffeln
2 EL frisch geriebener Meerrettich
2 EL mittelscharfer Senf
je 1 Zweig Rosmarin und Thymian
½ Bund Petersilie, 1 Ei
Butter zum Ausfetten

Für das Gemüse:
2 EL Butter, 1 Zwiebel
2 Knoblauchzehen, 600 g Karotten
250 g Staudensellerie
1 TL Kräuter der Provence
Zucker, Cayennepfeffer
200 ml Gemüse- oder Hühnerbrühe

Außerdem:
Kräuterzweige zum Garnieren

1. Die küchenfertigen Putenmedaillons unter fließendem Wasser waschen und trocken tupfen. Die Putenmedaillons mit Salz und Pfeffer kräftig würzen und auf eine Arbeitsfläche legen.

2. Das Olivenöl mit dem Honig und dem Zitronensaft verrühren und die Medaillons damit bestreichen.

3. Die Kartoffeln unter fließendem Wasser waschen, schälen, grob raspeln und in eine Schüssel geben.

4. Den Meerrettich, den Senf, die verlesenen, gewaschenen, fein gehackten Kräuter und das Ei mit den Kartoffeln vermischen und mit Salz und Pfeffer würzen.

5. Eine Auflaufform ausfetten, die Putenmedaillons hineinlegen, mit der Kartoffelmasse überziehen und die Masse glatt streichen. Das Ganze im auf 180 °C vorgeheizten Backofen 30 Minuten garen.

6. In der Zwischenzeit die Butter in einem Topf erhitzen. Die Zwiebel und die Knoblauchzehen schälen, fein hacken, ins Fett geben und glasig schwitzen.

7. Die Karotten schälen, waschen und in Scheiben schneiden. Den Staudensellerie putzen, waschen und in Scheiben schneiden. Beides zu den Knoblauchzwiebeln geben und kurz dünsten.

8. Das Gemüse mit Salz, Pfeffer, Kräutern der Provence, Zucker und Cayennepfeffer würzen. Die Brühe angießen, zum Kochen bringen und das Gemüse bissfest garen.

9. Die Putenmedaillons mit Kartoffelkruste mit dem Gemüse dekorativ anrichten, mit Kräuterzweigen garnieren und sofort servieren.

REGISTER

garant Verlag GmbH

Benzstraße 56

71272 Renningen

www.garant-verlag.de

ISBN 978-3-86766-831-6

Erfahren Sie mehr!